旗帜领航

文化铸魂 文化赋能 文化融入

国网河南省电力公司

思想文化建设优秀成果选编

2022

国网河南省电力公司党委党建部 编

中国电力出版社
CHINA ELECTRIC POWER PRESS

图书在版编目（CIP）数据

国网河南省电力公司思想文化建设优秀成果选编.2022 / 国网河南省电力公司党委
党建部编 . — 北京：中国电力出版社，2023.11
ISBN 978-7-5198-8137-5

Ⅰ.①国… Ⅱ.①国… Ⅲ.①电力工业－企业文化－河南－文集 Ⅳ.① F426.61-53

中国国家版本馆 CIP 数据核字 (2023) 第 172998 号

出版发行：中国电力出版社
地　　址：北京市东城区北京站西街 19 号（邮政编码 100005）
网　　址：http://www.cepp.sgcc.com.cn
责任编辑：胡堂亮（010-63412604）
责任校对：黄　蓓　郝军燕
装帧设计：北京永诚天地艺术设计有限公司
责任印制：钱兴根

印　　刷：北京九天鸿程印刷有限责任公司
版　　次：2023 年 11 月第一版
印　　次：2023 年 11 月北京第一次印刷
开　　本：710 毫米 ×1000 毫米　16 开本
印　　张：11.75
字　　数：154 千字
定　　价：58.00 元

编委会

主　　编　田世立

副 主 编　杨　攀

委　　员　徐浩然　贺　勇

参编人员　（排名不分先后）

胡宏伟　王晨旭　常煜杰　豆鑫鑫　常金秀

贾晓丽　何　楠　鲁昭男　施顺玉　谢梦思

杜丽平　成慧灵　贺雯捷　陈晶晶　景冬冬

孙冬丽　王伟利　牛卫丽　马翔飞　安永星

黄思芳　李　露　张扬扬　杨婧翊　郭大伟

赵文哲　王　秋　刘群杰　黄　凯　刘晓薇

韩鸣明　陈　豪　李路远

党建引领方向，文化凝聚力量。近年来，国网河南省电力公司党委以习近平新时代中国特色社会主义思想为指导，深入学习宣传贯彻党的二十大精神，认真落实新时代党的建设总要求和新时代党的组织路线，持续深化"旗帜领航"党建工程，扎实推进"文化铸魂、文化赋能、文化融入"专项行动，统筹组织实施思想文化重点项目建设，有力推动了国家电网有限公司战略体系和文化理念广泛传播、落地深植，为公司向"大而强"迈进提供了坚强思想保证、强大文化支撑和丰润道德滋养。

"一花独放不是春，百花齐放春满园。"2022年，国网河南电力坚持以党内先进政治文化引领思想文化建设，统筹组织实施思想文化建设重点项目36个，形成了一批工作扎实、实践丰富、成效显著、推广性强的成果案例。为加强交流学习，推广先进经验，国网河南电力评选出2022年度思想文化建设优秀成果一等奖7个、二等奖8个、三等奖10个。现将优秀获奖成果汇编成册，供各单位参考借鉴。

文化兴则企业兴，文化强则企业强。希望各单位遵循巩固、坚持、创新、提升的工作思路，认真学习借鉴优秀成果经验做法，开拓视野、启迪思路、创新举措，持续改进、不断提升思想文化建设项目管理水平，推动国网河南电力思想文化工作再上新台阶，为落实"一体四翼"发展布局、建设具有中国特色国际领先的能源互联网企业、加快推进公司实现"大而强"目标汇聚强大精神力量。

目录

前言

1 以"1243"文化模式激活企业发展"新引擎"
国网郑州供电公司

8 多维立体文化传播格局的探索研究
国网洛阳供电公司

15 实施"红色铸魂"工程 赋能企业质效提升
国网安阳供电公司

24 以"四维矩阵"创新搭建"焦电有礼"文化传播机制
国网焦作供电公司

31 文明实践"一束光" 文化赋能"十分亮"
国网获嘉县供电公司

37 打造焦裕禄共产党员服务队示范服务点 擦亮为民服务"金色名片"
国网开封供电公司

44 多维度筑牢企业文化高地 打造文化强磁场
国网河南电科院

51 "三级五维"安全文化行为导引模式构建探索与实践
国网南阳供电公司

58 构建"一核六维"安全文化体系
国网平顶山供电公司

64 打造"田园十八里"文化样本 "电"靓智慧农业
国网开封供电公司

70 深入实施"文化+"行动 不断推动企业文化建设落实落地
国网三门峡供电公司

77 "五维驱动""文化+"汇聚青能量
国网漯河供电公司

86 打造"三大体系" 推动文化宣贯传播与落地实践
国网鹤壁供电公司

93 以企业文化为统领 "四维联动"加快青年员工成长
国网河南超高压公司

100 品音乐之美 铸歌声之魂——打造"一核三融五协同"美育体系
郑州电力高等专科学校

106 "四有"工作法推动企业文化落地实践
国网新乡供电公司

113 构建"1+1+4+N"实践模式 书写文化"赶考"新答卷
国网商丘供电公司

119 "五强五树五提升" 打造优良作风员工队伍
国网信阳供电公司

126 打造"两个不出事""四个百分之百" 践行落地的"党建+"示范工程
国网濮阳供电公司

132 建强服务型基层党组织　架起服务乡村振兴工作连心桥
国网周口供电公司

140 发挥"三个一"示范引领效应　推动企业文化在基层落地深植
国网济源供电公司

147 奏响"1234"主旋律　凝聚团结奋进"心"力量
国网河南经研院

155 打好"三张牌"　让电力铁军智师精神绽放时代新光
河南送变电公司

163 构建"三维度"特高压文化　强化青年思想引导　凝聚磅礴奋进力量
国网河南直流中心

171 筑牢思想文化阵地　"三个引领"助推企业高质量发展
国网河南信通公司

以"1243"文化模式激活企业发展"新引擎"

国网郑州供电公司

一、实施背景

企业文化是企业的灵魂，企业文化建设是企业发展的内生动力。2022年以来，国网郑州供电公司以习近平新时代中国特色社会主义思想为指导，严格落实加强和改进思想政治工作实施意见，深入学习贯彻党的二十大精神，坚持以"1243"文化模式为抓手，围绕"一个目标"，强化"两项机制"，抓实"四类课堂"，做优"三大工程"，深化企业文化落地根植，为推动公司和电网高质量发展、建设具有中国特色国际领先的能源互联网企业提供强大精神动力和丰厚文化滋养。

二、实施内容

（一）工作思路

国网郑州供电公司积极探索促进文化铸魂、文化赋能、文化融入落地根植的新时代企业文化建设方法，围绕"广泛参与、服务中心、突出特色、打造品牌"目标定位，强化"层级化、清单化"机制，抓实"理论、红色、雁阵、两线"课堂，做优"先锋、价值、堡垒"工程，进一步统一思想、凝聚力量，推动公司文化转化为广大职工的情感认同和行为自觉，切实赋能公司高质量发展。

（二）具体措施

1. 围绕"一个目标"，为文化落地提供不懈动力

围绕"广泛参与、服务中心、突出特色、打造品牌"的目标，即聚焦建设具有中国特色国际领先的能源互联网企业的战略蓝图，引导各级党组织和广大党员干部员工站位"国之大者"，时刻牢记"大供要有大作为"，把自己放进去，把工作放进去，把职责放进去，积极推动战略落地、文化赋能的落地实践，不断补短板、强弱项，使文化落地成为一种行动自觉，为加快推进国家电网有限公司"一体四翼"战略布局落地、省公司"大而强"目标实现，全力助推国家中心城市现代化建设作出积极贡献。

2. 强化"两项机制"，以文化赋能蓄势增效

（1）"分层分级"机制构建文化赋能"新格局"。坚持高标站位、强化顶层设计，搭建"1+3+N"责任落实体系，即公司党委统一领导，党建部、组织部、纪委办等 3 个党建领导小组办公室成员部门统筹指导，各基层党组织具体落实，形成"一盘棋"推动企业文化落地落细落实的工作体系。公司党委作为文化落地建设的"引领者"，突出"顶层设计、统筹推进"，画好文化建设的"规划图"，形成文化与管理齐头并进的良好局面。党建领导小组办公室成员部门作为文化落地建设的"推动者"，突出"建机制、搭舞台"，画好文化建设的"路线图"，结合专业特点制定专项文化落地计划，为企业文化赋能增效搭好载体。各级党组织作为文化落地建设的"践行者"，突出"唱主角、抓落实"，画好支部抓落实的"施工图"，组建思政创新柔性团队，建强文化展示阵地，在服务中心城市建设、助力基层治理中释放文化效能。

（2）"知责明责"机制提升文化赋能"新成效"。公司党委研究企业文化建设工作要点，党建领导小组办公室研究制定重点工作任务清单、"二十四节气表"及支部书记企业文化建设履责清单，各级党组织对照部署细化落实，形成任务明晰、特色鲜明落实体系。坚持文化"软实力"与制度"硬约束"同向发力，结合党建绩效考评实施细则，从组织保障、责任落实、宣贯传播等维度，将文化建设成效纳入"月检查、季通报"、党建年度综合考评、党组织书记抓党建述职评议等工作中，作为检验党组织文化"软实力"、党员队伍"硬堡垒"及支部书记"领头雁"作用发挥的重要标准，推动党组织更好承担起文化建设重要任务。

3. 抓实"四类课堂"，以文化铸魂定向引航

（1）"理论课堂"铸信仰之基。坚持不懈用习近平新时代中国特色社会主义思想凝心铸魂，深入学习贯彻党的二十大精神，明确"用心学进去、用情讲出去、用力干精彩"的目标，坚持第一议题及时跟进学、中心组带头研学、"三会一课"融会践学，进一步强化理论武装，筑牢思想根基。坚持党内政治文化引领，强化政治忠诚教育，以"喜迎二十大 永远跟党走 奋进新征程""强国复兴有我"等主题教育实践为载体，扎实开展专题学习、实践活动、教育培训，引导广大员工学出忠诚信仰、学出斗争精神、学出奋进力量，坚定捍卫"两个确立"、自觉做到"两个维护"。

（2）"红色课堂"铸精神之魂。奋进新征程，需要始终坚定文化自信。公司坚持举旗帜、聚民心、育新人、兴文化、展形象，弘扬以伟大建党精神为源头的中国共产党人精神谱系，深化红色基因、电力传承，依托各类红色资源和爱国主义教育基地，精心设计"红色寻根之旅"，广泛开展体验式、浸润式党性教育和红色教育，通过现场参观学习、实景党课展演、书画摄影展播，引导员工坚定许党报国强企信念。

（3）"雁阵课堂"铸队伍之力。充分发挥党的组织优势和群体工作优势，深化"头雁领飞、群雁带飞"效应，以"先锋讲堂"为契机，组织党

■ 公司组织员工在"学习强国"广场开展党的创新理论大学习大宣贯活动

组织书记、党务工作者开展党的创新理论大学习、大宣讲，示范带动掀起学习热潮。升级擦亮"省内焦裕禄、省会雷锋号"的金色名片，组织党员服务队进社区、进校园开展文明实践讲堂，通过理论宣讲、政策阐释带头宣贯、践行社会主义核心价值观和文明风尚，塑造责任央企良好形象。

（4）"两线课堂"铸宣教之势。全面落实意识形态工作责任制，加强阵地建设和管理，完善全媒体传播格局，巩固壮大奋进新时代的主流思想舆论。线上创新开辟《郑视》栏目，依托"郑电先锋""星星小电台"新媒体传播阵地，精心推出"文化传声""能力作风大家谈"等系列作品，扩大文化传播覆盖面和影响力；线下以企业文化示范点创建活动为抓手，以"雷锋号"展厅、基层党员活动室为平台，将红色基因与电力精神贯通起来，打造传承郑电"红色基因"、弘扬敬业奉献精神的文化传播阵地，推动文化深入基层、深入人心。

4. 做优"三大工程"，以文化融入凝心聚力

（1）**做优"先锋工程"，点燃传承之焰**。坚持先进性和广泛性相结合，培育新典型与学习老典型相结合，完善先进典型选树宣传和作用发挥长效机制，以榜样力量激励人、鼓舞人。聚焦公司改革发展重大任务、重点工程、关键领域，开展感动郑州电网十件大事、最美国网人、劳模工匠评选，让先进典型选树在平常、作用发挥在经常。创新开设"先锋纪实""文化聚力　榜样引领"专题专栏，举办先进典型故事传讲、事迹宣讲，引导员工做公司价值理念的践行者和社会风尚的引领者。

（2）**做优"价值工程"，高扬发展之帆**。坚持业务承载与文化驱动相结合，推动文化在各业务领域、各专业线条落地深植，切实将文化软实力转化为基业长青硬实力。深化安全专项文化建设，成立安全督查飞虎队，以安全生产"五个一"（第一会、第一课、第一考、第一训、第一赛）专项行动为契机，一体推进理论学习系统深入、党性教育触及灵魂、安全技能培训精准高效，切实做到安全文化精神引领、以文化人。深化廉洁专项文化建设，打造"清风郑电"廉洁文化品牌，推出《清风故事会》《郑小莲说纪》等作品，使员工在潜移默化中接受廉洁文化熏陶和洗礼。

（3）**做优"堡垒工程"，汇聚奋进之力**。聚焦党组织和党员作用发挥，发挥电网企业贴近群众、联系千万家优势，创新基层党组织建设模式，以供电服务全面融入属地政府网格化基层社会治理体系为目标，组建7个城区供电公司，科学设置220个"红色网格"，党总支、党支部、网格员分层分级对接属地政府、办事处及社区党组织，进一步加强党建联创共建，及时回应群众关注的热点、难点问题，一体推进思想引导、心理疏导和人文关怀，叫响"为党分忧莫言苦　为民服务莫等闲"口号，为国家中心城市建设贡献力量。

■ 公司组织"红色网格员"进社区、农村开展优质服务活动

三、实施效果

（1）**举旗帜，政治引领显著强化。**全体干部职工转思想、提能力、重实绩，思想空前统一，步调高度一致。尤其是在疫情防控等大战大考中，367个党组织、4000多名党员干部冲在前、作表率，保障公司平稳运行和1260万市民、450万电力客户可靠供电，践行了"人民电业为人民"的企业宗旨，彰显了忠诚担当、求实创新、追求卓越、奉献光明的电力精神，赢得了社会各界的广泛赞誉。

（2）**聚民心，社会责任不断深化。**公司坚持"以人民为中心"的发展理念，深刻认识到"各级政府是主管家，电力企业是主力军，电网企业是排头兵，电力用户是主人翁"的职能定位，依托"红色网格"积极探索供电服务融入基层社会治理体系的有效实践，真正打通了服务客户的"最后一百米"。2022年，公司投诉总量同比下降64.29%，百万户均工单量在28家大供企业中排名第3，公司软实力、社会影响力显著增强。

（3）**展形象，品牌影响持续扩大。**公司以"1243"文化模式为抓手，真正实现以文化赋能电网建设、安全生产等各项中心工作，公司发展持续保持良好发展态势、气势和趋势。2022年，新开工主网工程数量与规模位居全省第一,全省首家开展 0.4 千伏不停电作业、带电作业机器人作业,建成首个县级配网自愈示范区。公司工作得到国家电网有限公司有关领导,以及郑州市委市政府主要领导批示肯定 16 次,真正实现把文化转化为推动各项事业发展的强大动力。

四、分析与思考

"1243"文化模式解决了如何更好促进"文化铸魂、文化赋能、文化融入"专项行动落地根植的问题,着力实现让文化政治穿透力更强,引领主旋律;让文化制度的实效性更强,提升主动力;让文化实践的先进性更强,打造主阵地。但是在项目实施过程中依然存在促进文化融合载体不够丰富,专业工作和文化建设结合不够紧密等问题。

下一步,公司将重点针对以上薄弱环节进一步完善"1243"文化模式,突出战略引领,强化文化驱动,以企业文化示范点、思想文化重点项目为抓手,深入推进安全、廉洁等专项文化建设,促进"红色基因 电力传承"在郑州落地落实,推动全体干部员工在理想信念、价值理念、道德观念上心齐行致远,为公司发展注入源源不断的精神动力。

项目完成人:施顺玉 郭 越 丁 芳

多维立体文化传播格局的探索研究

国网洛阳供电公司

一、实施背景

党的二十大报告指出："推进文化自信自强，铸就社会主义文化新辉煌。"未来五年是全面建设社会主义现代化国家开局起步的关键时期，文化的精神引领和凝聚作用更加重要。国网洛阳供电公司立足新发展阶段、贯彻新发展理念、构建新发展格局，坚持推进文化铸魂、文化赋能、文化融入，大力弘扬社会主义核心价值观，结合自身实际，从广度、力度、深度、温度"四度"发力，建设与"一体四翼"发展布局相适应的优秀企业文化，构建满足当前形势需要、获得员工普遍认同的多维立体传播格局，最大限度凝聚人心、融入中心、培育品牌，以"文化心连心"汇聚为建设具有中国特色国际领先的能源互联网企业奋斗的强大精神力量。

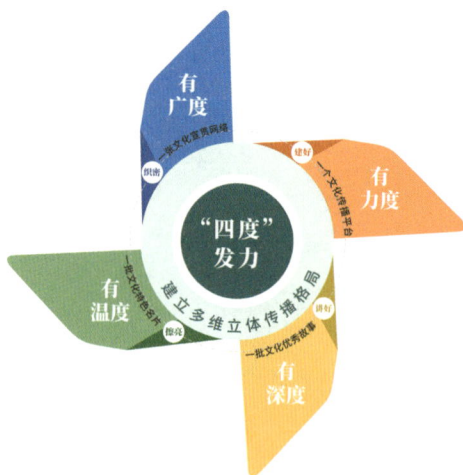

■ 公司多维立体文化传播格局示意图

二、实施内容

（一）工作思路

以习近平新时代中国特色社会主义思想为指导，全面宣贯国家电网有限公司战略目标和价值理念，织密一张文化宣贯网络，建好一个文化传播平台，讲好一批文化优秀故事，擦亮一批文化特色名片，从"四度"发力，构建多维立体传播格局，实现"文化心连心"。

（二）具体措施

1. 织密一张文化宣贯网络，有广度

（1）思想教育"同心"。以学习宣贯《国家电网有限公司企业文化建设工作指引（2022）》为主线，创新开展中国红党建课堂系列活动，依托个人分享、情景剧展示、共唱红歌等多种形式，让优秀文化走进一线、走进基层员工心里。创新开展文化践学活动30期，带领广大党员干部职工到文化发源地、党史发生地、改革发展最前沿，以"现场参观＋交流研讨"的方式开展沉浸式文化交流学习，促进广大职工坚定理想信念、端正价值追求。

（2）文化实践"精心"。建立由支部书记、党务工作者、党员和先进代表四级人员构成的文化专家团队，依

■ 公司组织开展中国红党建课堂

■ 公司组织文化专家团队开展"企业文化我来说"活动

托文化协作区、大课堂、微视频三维载体，围绕中国共产党人精神谱系和公司安全生产、精益运维等重点工作，开展优秀文化宣讲实践活动。深入基层一线班组进行工作指导，充分发挥优秀文化的引导、激励和辐射作用。组织红色观影、红色书籍"悦"读活动 50 余场，制作《旗帜领航心向党　唱响爱国主旋律》文化微视频，广泛凝聚广大职工，夯实共同奋斗的思想基础。

2. 建好一个文化传播平台，有力度

（1）文化阵地"用心"。开展供电所党支部文化示范点建设工作，结合工作实际、自身特色，梳理文化主线，树立全员普遍认同的精神内核，着重打造邙红供电所"亮彩邙红　服务美好生活"、赤土店供电所"7 心合力"等具有自身特色、亮点鲜明的文化阵地，推动"文化＋业务"深度融合。针对党的二十大精神学习宣贯、疫情防控、迎峰度夏度冬等重点工作，策划"喜迎二十大""我们这十年"等主题宣传，在线上线下文化阵地开设"特别关注""身边故事"等专题，引导员工向典型学习，向先进看齐。

（2）杂志内刊"动心"。年度编制《百草园》文化内刊 12 期，通过主编聘任制、省市县联动制、全员参与制，有效激活全员参与文化建设的积极性。杂志每月一主题，月月有特色，策划开展"强国复兴有我""党在我身边""最可爱的人"等主题作品征集，杂志内容更鲜活，持续弘扬主旋律。定期召开"杂志评刊会""作品评审会",使职工与杂志的互动更直接,通过带动一批人、辐射一群人,形成强大的文化感召力。累计刊发 1300 位作者的 1500 余篇作品,真正成为公司员工的心灵港湾。

3. 讲好一批文化优秀故事,有深度

(1)先进典型"暖心"。开展"最美国网人"先进典型选树,注重从安全生产、电网建设、乡村振兴、防疫防汛等重点工作的第一线挖掘选树"最美"。开展劳模工匠宣讲,组织学习"时代楷模"张黎明、钱海军等优秀共产党员的先进事迹,用榜样的力量鼓舞和引领广大职工自觉践行公司企业文化理念。积极邀请专家代表进行党的二十大精神宣讲,面向市县开展专题视频辅导。组织参观企业文化建设示范点、劳模创新工作室、党史馆等千余人次,营造"暖心"文化氛围。

(2)故事案例"走心"。放大企业文化传播效应,举办"喜迎二十大 奋进新征程"演讲比赛、"凝'新'聚力 扬帆起航"青年交流会、"红色基因 实干争先"主题活动等内容丰富的文化活动,充分发掘示范点内的先进人物、先进事迹,放大典型标杆的闪光点,为公司提供丰润的道德滋养。讲好党的二十大精神学习宣贯感想和故事:公司总经理谈学习感想获省市电视台专题报道,支部书记领学获国家电网报头版头条刊发,青年热议获国家电网有限公司网站要闻摘录,公司形象宣传片获国家电网视频号推介。

4. 擦亮一批文化特色名片,有温度

(1)志愿服务"连心"。打造"洛小电"共产党员服务队光明品牌,围绕安全生产、优质服务、春耕春灌等重点工作,开展"抗疫情 迎风雪保供电""高考保电有我"等专项行动,深入基层一线,为群众解难题、办实事。开展"两稳一保"企业走访 3384 次,解决"万人助万企"涉电难题 20 项。迎峰度夏期间组织 368 人到市县 98 个社区,广泛宣传安全用电、绿色用电、节约用电常识,增进理解和支持,为安全生产和企业发展

■ 公司焦裕禄共产党员服务队对线路进行改造

构建良好舆论环境。疫情期间，423 名党员、1579 名群众始终奋战在各类保供一线，为人民群众生命安全和经济社会持续健康发展筑牢坚固"电网防线"。

（2）文化成果"亮心"。扎实开展"喜迎二十大　建功新时代""强国复兴有我"群众性主题宣传，务实推动"企业文化我来说""党在我身边"实践活动，持续巩固人心齐、人心稳、人思进、干劲足的良好局面。打造"洛小电"卡通形象品牌，汇编《"最美系列"年度事迹册》等文化书籍，把文化理念融入中心工作，展现文化的凝聚力和向心力。持续打造多样化的文化阵地，完善出彩文化长廊、职工书屋等，利用线上线下多种形式，展示优秀文化成果。

三、实施效果

（1）形成先进的文化效应，凝聚人心。以学习宣传贯彻党的二十大精神为主线，构建起党委理论学习中心组示范，劳模工作室、青年创客工作室、党外代表人士建言献策工作室带动，保电第一线、服务最前沿、乡村振兴最末端延伸，基层党组织全覆盖的四级学习模式，建立"支部书记带头学、党员领着学、小组交流学、线上跟进学"的四维学习体系，典型做法刊发在新华社供省部级以上领导参阅的《国内动态清样》上。开展各类文化实践、交流、宣讲活动 200 余次，进一步凝聚思想共识、激发昂扬斗志。

■ 公司组织党员学习党的二十大报告

（2）**形成强大的工作动力，融入中心**。优秀的文化建设构建起动力足、措施多、人心齐、亮点纷呈的发展平台，为公司实现"实干保领先创新铸辉煌"目标提供了坚强的政治和组织保障。公司连续六届保持全国文明单位称号，安全生产突破 6400 天。159 个党员责任区、314 个党员示范岗、23 支党员服务队冲锋在服务一线，圆满完成 134 项重要保电任务、42 天吉林抗疫保电支援、带队赴四川 17 天保电支援，全面服务城市建设与经济发展，连续三年受到洛阳市政府 1 号文件通报表彰。

（3）**形成典型的文化品牌，铸造辉煌**。通过构建多维立体文化传播建设体系，广大职工对企业文化的认知度、认同度、参与度持续提升，企业的凝聚力、向心力不断增强。尤其是线上"文化专家团队"宣讲，让文化传播走得更快、更远，实现了传播的效率倍增和覆盖人员倍增。公司持续升级擦亮"洛小电"共产党员服务队光明品牌，圆满举办公司 2022 年社会责任专题发布会，树优电力"萤火虫"履责品牌，社会美誉度显著提升。公司"党建+"项目喜获省公司金奖，成为省公司"基层党建成果成效"首家展示单位。输电带电班荣获"全国工人先锋号"称号，检修团支部荣获全国"五四红旗团支部"，均系国网河南省电力公司系统唯一。

四、分析与思考

文化自信是更基础、更广泛、更深厚的自信，是凝心聚力的治本之举。国网洛阳供电公司根据各类职工业务以及需求的不同，全方位、多渠道、立体化提升企业文化传播形式和内容，充分发挥优秀企业文化的浸润作用，让职工在实践中对公司的企业文化理解并升华。通过"四度"发力，牢牢构筑了全员文化传播、学习和深化体系，构建了线上与线下、全员与全方位、自学与立体化传播相结合的文化传播新格局，用文化编织企业发展的纽带，奠定了公司履行好经济、社会、政治责任的文化基础，以"文化心连心"凝聚文化共识，汇聚发展强大合力。下一步，公司将持续在"联系、凝聚、引领"职工上下功夫，在丰富工作载体、提升价值创造上下功夫，在打造更具影响力的文化品牌上下功夫，注重把优秀文化建设融入公司生产经营的方方面面，不断深化"文化+"传播，为建设具有中国特色国际领先的能源互联网企业凝聚精神动力。

项目完成人：邱型波　谢梦思　王小乐　周　圆

实施"红色铸魂"工程　赋能企业质效提升

国网安阳供电公司

一、实施背景

一渠绕太行，精神动天下。20世纪60年代，10万河南林县人民靠着一锤、一铲、两只手，苦战十个春秋，在太行山悬崖峭壁上修成全长1500千米的"人工天河"——红旗渠。十年奋斗，十万大军战太行，筑起的是一条"生命渠"、一条"幸福渠"，孕育出了"自力更生、艰苦创业、团结协作、无私奉献"的红旗渠精神。

习近平总书记指出："红旗渠就是纪念碑，记载了林县人不认命、不服输、敢于战天斗地的英雄气概。"身处红旗渠精神的发祥地，国网安阳供电公司更是学在先、干在前，传承弘扬践行红旗渠精神，将红旗渠精神所蕴含的"为了人民依靠人民"的奋斗理念同国家电网有限公司"人民电业为人民"的企业宗旨相融相承，用"自力更生"鼓舞士气、用"艰苦创业"鞭策前行、用"团结协作"凝聚力量、用"无私奉献"激励登攀，为实现"稳居三甲、勇争第一"目标提供强大动力。

二、实施内容

（一）工作思路

国网安阳供电公司坚持把红色基因融入企业文化，将红旗渠精神与企业文化建设相融合，实施"红色铸魂"工程，应用"深化教育引导—强化载体创新—催化知行合———转化质效提升"的"四化"落地方法论，深入落实"文化铸魂、文化赋能、文化融入"专项行动，持续提升文化软实力，赋能企业质效提升。构建"理念植入、制度规范、氛围营造"三维工作体系，坚持主动融入，坚持典型引路，坚持文化铸魂。从组织、制度和激励三方面，探索思想文化宣传管理的保障机制。从知、信、行三个层次，让员工知晓、信任并践行思想文化融入工作举措。贯通从仪式感、认同感、参与感、共鸣感、归属感到荣誉感、使命感的情感转化链条，发挥"以文化人、同心聚力"作用。

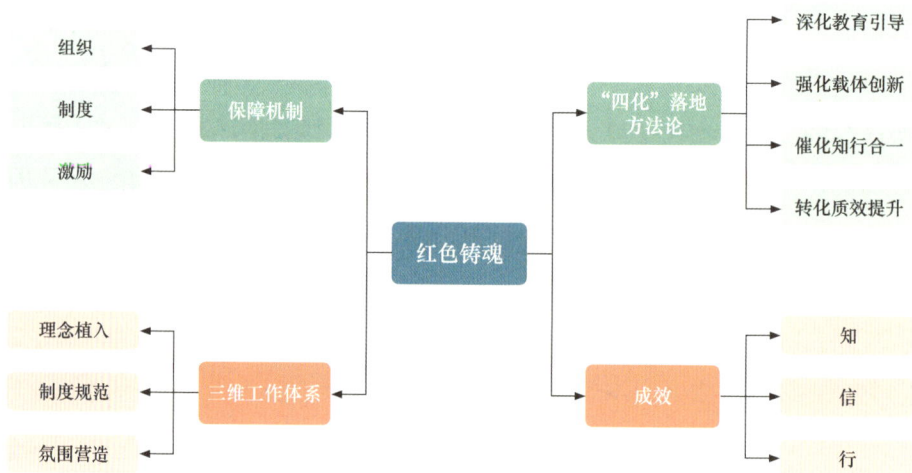

■ 公司"红色铸魂"工作思路

（二）具体措施

1. 注重立根铸魂，传承红色精神

（1）**职责全明确**。建立"红色铸魂"工程组织保证体系和组织实施体系，自上而下理顺领导小组、党建部门、业务部门、党支部的组织体系及分工。坚持专业分工和协同管理相结合，科学界定党支部书记、支委委员、党小组组长、党员等角色在工程实施中的职责，形成"职责清单"，进一步强化领导小组抓顶层设计、党建部门抓传播、业务部门抓承载、党支部抓实践、党员带动员工的项目实施体系。

（2）**学习全覆盖**。将红旗渠精神纳入中心组学习、各基层党组织学习计划，通过党委理论学习中心组、"三会一课"、主题党日等形式累计开展集中学习研讨1120余次。充分发挥地域优势，把实地践学红旗渠精神作为各类教育培训"第一课"、必修课，累计组织1200余名干部员工现场观摩工程、聆听修渠故事、感悟精神力量。邀请党校专家、修渠英雄开展专题讲座18期，实现学习全覆盖。

（3）**宣传多维度**。依托公司内部展厅、展栏及内外网站、公众号、视频号、楼宇电视等渠道平台，开展立体式、多角度宣传。借鉴红旗渠纪念馆模式，从"千年旱魔，世代抗争；红旗引领，创造奇迹；英雄人民，

■ 红旗渠建设特等模范张买江同志在红旗渠分水岭现场为公司党员讲述修渠故事

■ 公司青年党员在红旗渠"咽喉工程"青年洞重温入党誓词

太行丰碑；山河巨变，实现梦想；继往开来，精神永恒"五个部分切入，在 7 月份组织开展红旗渠精神主题宣传月活动，多维度宣传营造浓厚学习氛围。

2. 创新融合融入，弘扬红色精神

（1）**落实到党建工作中。**将红旗渠作为公司党性教育"第一站"，分群体、分类别开展"追随总书记足迹"沉浸式研学实践，系牢思想"第一扣"。创新党建例会形式，一季度一主题，让党建例会走进基层、开在一线，组织观摩"感动安阳年度人物"基层党员郑爱强同志所带领的共产党员服务队工作室，激励广大党员弘扬精神、岗位建功。发布党建重点任务季度清单，将企业文化建设等任务具体量化、细化考核，市县公司、产业单位党建工作同质水平持续提升。举行 220 千伏红旗渠变电站综合集中检修现场"三带三有"典型示范，推动党建赋能现场安全管控，助力实现"两不两防"目标。持续健全"大党建"工作格局，在民主评议党员、评优评先、党员发展等重点工作中，完善信息互联互通，党员管理质效持续提升。

（2）**落细到文化传播中。**公司坚持"根"从基层扎牢、"魂"从堡垒筑起，把传承红色基因作为铸魂之基、立业建业之本来抓，固红色基因、铸红色企魂。常态化开展"书记谈文化""红色课堂进班组"等活动，推动企业文化、红色精神一贯到底、入脑入心。深化"区岗队"联动创效机

■ 公司企业文化展示宣传角

■ 红旗渠精神文化长廊

制，健全企业文化厅、廊、角等阵地建设，党建与业务"双向互动、创新融入"，基层党支部凝聚力、战斗力持续增强。创新红色精神传播方式，制作"安小电"红旗渠精神表情包。将红旗渠精神与活泼可爱的"安小电"卡通形象相结合，利用表情包的互动性、趣味性功能，使红旗渠精神入眼、入脑、入心，在潜移默化

■ "安小电"红旗渠精神表情包

中感染和影响广大职工，更好将红旗渠精神内化于心、外化于行。

（3）**落严到安全生产中**。以党建引领，发挥基层党组织和广大党员的战斗堡垒、先锋模范作用，构建起全面、稳固、长久的"红色防线"。头雁领航、群雁齐飞，各党支部书记带领党员服务队以"誓把山河重安排"的豪迈气概，攻坚重点项目，落实现场管控，奋战生产一线，用行动擦亮先锋底色。广大青年听党指挥，充分发挥生力军和突击队作用，摒弃骄娇二气，在线路保供、电网检修、优质服务、创新创效中冲在前、做在前，充分彰显不怕苦不怕累的青年精神属性。

3. 坚持知行合一，践行红色精神

（1）**自力更生，电网更加坚强**。把党建阵地融入一线，把党建活动开在现场，把党建成效落在实处，破解施工难题，攻克检修难关，使各项电网检修工作安全、高效、如期完成。制定组织、协调、研判、决策全过程响应处置流程和就地平衡处置策略，实现高温大负荷期间安阳电网主变"零过载"。建立完善公司防汛应急管理体系，实现汛期变电站"零停运"、输电线路"零跳闸"、配电室"零进水"，防汛工作获市防指致信

表扬。

（2）**艰苦创业，服务更加优质**。以"党建引领、业务支撑"作为持续优化营商环境的"红色引擎"，组成"党员进企服务队"，将客户用电业务工作由传统等"企"上门变为主动进"企"办电。创新使用"三色"供电方案答复单，党员帮扶小队答疑解惑、攻坚优化，实现办电公开透明、100% 工单流程归真。在全省地市公司中首家实现连续 365 天零投诉。

（3）**团结协作，管理更加精益**。开展网格化机构调整，将网格化供电服务机构与市辖行政区匹配，畅通政企信息，提高供电服务质量，优化客户体验，公司经营效益持续攀升。创新实施"三赛道、六维度"绩效考核方案，建立健全公司更加科学高效的激励约束机制，使公司上下创先争优氛围浓厚。

（4）**无私奉献，勇担政治责任**。精心做好党的二十大期间与华北电网联络相关线路的运维工作，及时分析研判各类安全稳定风险隐患，累计投入保电人员 8082 人次，出动保电车辆 1642 辆次，为全网保华北作出了贡献。精心编制电力安全保障"1+6"工作方案，圆满完成保电任务。

■ 公司在 220 千伏红旗渠变电站开展党员身边无事故"三带三有"典型示范活动

■ 公司共产党员服务队到重要防疫保供区域开展设备巡视和供电抢修工作

坚持知行合一
践行红旗渠精神

01 自力更生
电网更加坚强
将党建阵地融入一线，把党建活动开在现场，把党建成效落在实处，破解施工难题，攻克检修难关

02 艰苦创业
服务更加优质
以"党建引领，业务支撑"作为持续优化营商环境的"红色引擎"

03 团结协作
管理更加精益
开展网格化机构调整，将网格化供电服务机构与市辖行政区匹配，畅通政企信息，提供供电服务质量，优化客户体验

04 无私奉献
勇担政治责任
精心编制电力安全保障"1+6"工作方案，圆满完成公司有史以来最高级别政治保电任务

■ 坚持知行合一，践行红旗渠精神

三、实施效果

（1）**旗帜领航，党建价值有效发挥**。将红旗渠精神与企业文化充分融合，做好新时代"修渠人"的传承，激励广大党员干部以更快速度、更高质量全面推进各项工作落实落地。安阳市副市长王新亭到公司调研时称赞："安阳供电公司党建和业务工作紧密融合、成效突出，在中心工作中检验党建具体成效，党建凝聚力得到充分发挥"。

（2）**先锋示范，职工队伍朝气蓬勃**。将红旗渠精神与国家电网有限公司企业文化理念体系充分融合，促进战略目标和价值理念转化为广大职工的情感认同和行为自觉，锻造新时代"修渠人"队伍，全力确保安阳多轮疫情期间电力安全可靠供应，成功应对今夏多轮次高温暴雨交替冲击的严峻考验，高标准高质量完成各项重特大保电任务，工作成效得到安阳市政府主要领导批示表扬，并向国网河南省电力公司专门致信感谢。1名基

■ 公司基层党员郑爱强获"感动安阳年度十大人物"

层党员入选"感动安阳年度十大人物"，33 个集体、31 名个人获市级以上党建团青荣誉表彰。

（3）全员争先，经营管理成果丰硕。将弘扬红旗渠精神"红色铸魂"工程与公司生产经营管理各项工作充分融合，切实发挥企业文化的激励引领作用。公司供电服务网格化调整、助力乡村振兴、深化"放管服效"改革、灾后电力设施迁改等工作，获市委市政府主要领导批示表扬 16 次。2022 年，公司实现连续安全生产超过 9600 天，长周期安全生产纪录保持省公司系统第二位。公司连续多年获"全国文明单位"称号，并荣获"河南省节能减排先进单位""河南省优秀志愿服务组织""国网河南省电力公司文明单位标兵"等荣誉，公司年度综合考评连续 2 年保持省公司系统第二名，企业负责人业绩考核连续 11 年保持省公司系统 A 级，公司上下作风纪律务实严明，管理基础全面夯实，精神风貌昂扬向上，业绩水平保持领先。

四、分析与思考

习近平总书记在安阳红旗渠考察时指出，红旗渠精神同延安精神是一脉相承的，是中华民族不可磨灭的历史记忆，永远震撼人心。实现第二个百年奋斗目标也就是一两代人的事，我们正逢其时、不可辜负，要作出我们这一代的贡献。红旗渠精神永在！

　　国网安阳供电公司坚持旗帜领航，实施"红色铸魂"工程，用红色精神滋养初心，有力、有序、有效推动红旗渠精神融入企业文化建设，有效使红旗渠精神内化于心，外化于行。在新征程上我们将始终牢记殷殷嘱托，大力弘扬红旗渠精神，将红旗渠精神根植于企业文化基因中，赋予企业文化建设强大的精神动力和实践基础，为公司砥砺前行、夯基创新提供强大思想保证和文化支撑。

项目完成人：刘春阳　杜丽平　郝　锴　王　超
　　　　　　付懿姝　冯英杰　郭柳辰

以"四维矩阵"创新搭建"焦电有礼"文化传播机制

国网焦作供电公司

一、实施背景

在五千多年的文明发展进程中，崇礼、重礼、守礼一直是我国的优良传统，更是实现中华民族伟大复兴中国梦中不可缺少的关键。国网焦作供电公司作为服务百姓民生和能源保障的骨干企业，有责任有义务在服务过程中传递"有礼"文化，展示"有礼"风采。公司结合新时代文明实践要求，以文明礼仪导入为手段，把人心凝聚成效作为衡量思想文化建设质效的标准，通过项目化搭建"焦电有礼"文化传播机制，教育和引导广大员工把个人行为和思想行动统一到企业发展的共同方向上来，真正实现文化聚力、文化赋能，为公司和电网高质量发展提供强大精神动力和源源不断的文化内驱力。

二、实施内容

（一）工作思路

国网焦作供电公司充分发挥思想文化重点项目建设优势，以项目化立题、项目化实施、项目化推进为手段，以"四维矩阵"（即：全链式导入、浸润式参与、引导式精进、立体式推广）为路径，通过丰富多彩的文化活动载体，将"焦电有礼"文化理念融入生产服务、经营管理、班组一线，充分调动广大员工践行宗旨理念的积极性、主动性、创造性，将员工自我价值实现与企业发展有机统一，为公司发展提供强大的文化驱动力。

■ "四维矩阵"路径图

（二）具体措施

1. 坚持"全链式"导入，以生动情景礼仪凝聚人感染人

系统打造"职业三礼"（入职、成长、荣休），在员工职业生涯管理的关键节点，通过有情有景又润心无声的礼，强化员工的职业身份认同，增强员工的职业自豪感和价值归属感，实现"礼文化＋"共赢。

（1）聚焦"入职有礼"。办好新入职青年岗前培训，编制新员工入企指南，举办新入职青年见面会，通过入职宣誓、寄语未来、入职赠礼等仪式环节，欢迎新员工加入公司大家庭，扎实上好青年"入职第一课"。

（2）贯穿"成长嵌礼"。始终坚持培育托举青年、引导激励青年、关心凝聚青年，通过实施青年"精神素养提升"工程、"豫电青马"专项行动，与专业部门携手，常态化开展岗位练兵、技能比武等活动，助推青工向"青马""青杰"的蜕变。2022 年，公司职工王帅荣获河南省青年技术"岗位能手"、荣佳鹏荣获河南省五一"劳动奖章"荣誉称号，在青年员工队伍中形成了"一马当先""万马奔腾"的生动局面。

（3）注重"荣休致礼"。退休是一场不舍的告别，以"匠心筑梦、薪火传承"为主题，坚持做好欢送和传承工作，通过举办座谈会、茶话会、欢送会等有温度的仪式活动，进一步提升退休员工的荣誉感，激发广大青年的责任感。

■ 组织开展新员工入职"第一课"

■ 青年员工为退休职工献花

2. 注重"浸润式"参与，以文化礼仪氛围感化人温暖人

（1）**深入推进文明有礼实践活动**。聚焦"有礼文化"主线，通过"诵经典、秀礼仪、诗朗诵、情景剧、听讲座、谈感悟、做承诺"环节对"焦电有礼"进行全方位展示。通过一段精心展演的"礼仪规范"、一段还原真实场景的《有礼故事》、一场来自特邀教授的《礼文化与中华文明》主题讲座等内容，使员工深切地感受到礼的核心与内涵，让"礼义在我心中、礼仪从我做起"成为每位"焦电"人的行为准则。2022 年，公司共开展文明我先行、争当有礼标兵等主题实践活动 30 余次，使员工目之所及、身之所触、行之所处，处处皆有礼。

（2）**积极开展志愿服务礼遇行动**。聚焦传承和发扬雷锋精神，升级擦亮"焦裕禄"和"焦小电"共产党员服务品牌，以"电力雷锋光明行·青春献礼二十大"学雷锋志愿服务活动为主线，以乡村振兴、疫情防控、优化营商环境为主要工作内容，动员更多的员工主动投身到志愿服务中来，广泛开展进社区、进学校、进乡村、进地头等礼遇服务活动。2022年，公司共开展"办实

■ 公司组织开展"文明服务我出彩"礼仪培训

事 助振兴""服务三夏 助力丰收"等主题志愿服务活动1200余次。公司职工王光辉荣获全国岗位"学雷锋"标兵荣誉称号。

（3）**广泛创建有礼文化示范点。**充分发挥示范点的标杆引领、榜样示范和辐射带动作用，通过建设一批工作业绩优、示范作用强、群众评价好的文化示范点，以点带面，带动更多的班组和员工参与进来，使优秀的班组文化内化于心、外化于行，感染人、凝聚人，形成强大的文化影响效应，推动公司价值理念与中心工作相融并进。2022年，公司共打造文化宣传阵地20余个，其中，陈家沟供电所荣获省公司企业文化建设优秀示范点，1项思想文化重点项目入选国家电网有限公司优秀案例，2项思想文化重点项目分别获得省公司优秀成果一等奖、三等奖。

3. 强化"引导式"精进，以典型示范礼仪影响人带动人

（1）**从"学有礼"入手。**健全完善先进典型选树宣传和发挥作用长效机制，坚持把学习先进、争当先进作为引导的重要环节。把"时代楷模"张黎明、钱海军同志的典型事迹作为"学礼"的生动教材，通过"劳模"与"青春"对话，劳模事迹宣讲会等形式，引导广大干部员工对照先进典型悟初心、找差距，对照身边的榜样担使命、树目标。做好"最美国网人""两优一先"等典型培育，2022年公司累计荣获市级及以上荣誉25人次，以"榜样力量"带动形成"群体优秀"效应。

■ 公司开展职工大讲堂"劳模事迹"宣讲，引导员工悟初心，担使命

（2）从"做有礼"深入。以"强化员工互动体验、锻造先锋队伍"为目的，深入开展"文明服务我出彩、群众满意在窗口"活动，通过争当"有礼服务之星"，争创"示范窗口"单位等方式，提升便民服务标准，调动起全体工作人员"比"的意识，将员工思想有效统一到"人民电业为人民"企业宗旨上来，推动形成"有礼"从身边做起，"有礼"从小事做起的良好局面。

4. 实施"立体式"推广，以树立礼仪形象吸引人打动人

始终坚持"人民电业为人民"的企业宗旨，充分发挥党员在电力便民利民惠民服务中的先锋作用，聚焦"做好电力先行官"的使命责任、锚定"架起党群连心桥"的价值追求，持续擦亮"焦小电"为民服务品牌。

（1）树为民形象。深入实施"党员挂牌、示范引领"亮剑行动，按照"微笑热情多一点、担当克难多一点、服务群众多一点"标准，在基层供电所、营业厅窗口等一线服务场所摆放"焦小电服务先锋"标识牌，形成"有事优先找党员"服务机制，示范带动身边群众守好服务"责任田"。

（2）做服务先锋。坚持"有呼必应、有难必帮"，按照"让服务跑在需求前"工作思路，创新开展"焦小电"定制化"礼遇"服务，根据网格化服务责任划分，重点从供电所党组织选派业务精湛、作风过硬的供电服务员工组成"焦小电"红色帮帮团，选派党员骨干担任专属客户经理，通过入户入厂发放优质服务"连心卡"，上门提供业扩报装、用能咨询等"一条龙、一站式"主动办电服务，确保让"获得电力"更加便捷。

（3）当示范表率。以提升党员过硬看家本领为目的，结合全能型供

电所创建,开展劳动竞赛,重点引导党员自我加压提升,将业绩优秀党员所在的班站所选树为本单位党建引领示范点,营造"比学赶帮超"的浓厚氛围。在"焦小电"的影响下,吸引更多优秀党员参与进来,在"礼行人民"中赢得百姓口碑。

■ 公司开展"新春有礼"送爱心志愿服务活动

■ "焦小电"走进为民服务第一线

三、实施效果

国网焦作供电公司紧紧围绕"建设与'一体四翼'发展布局相适应的优秀企业文化"目标,坚持以文化人、用文育人,全面推进"有礼文化"工程建设,切实将文化软实力输出为公司发展的竞争力:一是"有礼"价值成为广大职工的普遍共识,得到公司内外广泛认可;二是积极向上的文化氛围日益浓厚,员工队伍创造力、凝聚力、战斗力显著提升。2022年,公司成功经受六轮次高温大负荷冲击,先后圆满完成50项重要保电任务,连续三年实现高考听力"零闪动",公司安全生产突破8800天长周期记录。特别是在受多轮疫情的持续影响下,先后在"6.30""9.30"等关键节点投运阳洛、张庄220千伏开关站110千伏送出工程等多个重点基建项目,打赢负荷"六创新高"保供攻坚战,不断以可靠电力供应彰显"顶梁柱、顶得住"的责任担当,保供工作获得焦作市有关领导批示肯定。公司"获得电力"指标在河南省营商环境评价中首次迈入第一方阵，并作为唯一先进单位在焦作市营商环境工作会议上作典型发言。

四、分析与思考

构建文化传播体系，必须遵循文化的特性。文化即"人化"，是人类在与环境的互动过程中形成的独特生存空间及生活方式，我们要抓住"文化育人"的核心内涵，坚持把影响人、带动人、凝聚人作为衡量文化价值的标准，多做得人心、暖人心、聚人心、稳人心的工作，形成人心齐、干劲足的良好生动局面。坚持做好以下四点：一是要坚持外在形式与内在价值相协调，使"焦电有礼"文化内化于心、外化于行；二是要坚持创新载体与改进方法相结合，使"焦电有礼"文化潜移默化、润物无声；三是要坚持地域文化与系统文化相融合，使"焦电有礼"文化在干部员工中喜闻乐见、易于接受；四是要坚持思想教育与实践体验相协同，使"焦电有礼"文化在干部员工中知行合一、学以致用。

项目完成人：薄　林　赵　丽　王洪涛　成慧灵

文明实践"一束光" 文化赋能"十分亮"

国网获嘉县供电公司

一、实施背景

文化如水，浸润无声。文化建设在企业发展中发挥了至关重要作用。供电企业作为与人民群众生活息息相关的服务型"窗口"行业，精神风貌、工作作风的好坏直接关系到企业对外形象。如何做好电力延伸服务，如何发挥专业优势，推进社会主义核心价值观落地实践，已经成为重点关注的问题。2019 年，国网获嘉县供电公司建成了该县首个企业新时代文明实践中心，搭建了内外服务展示平台，依托焦裕禄共产党员服务队、"三色光"电力青年志愿者服务队及电力义工服务队，将电网企业特有的"光"和"亮"传播出去，打造了"文明实践'一束光' 文化赋能'十分亮'"文化项目。

二、实施内容

（一）工作思路

为大力弘扬社会主义核心价值观，落实《国家电网有限公司企业文化建设工作指引（2022）》，坚持"人民电业为人民"的企业宗旨，国网获嘉县供电公司积极倡导点亮"一束光"，汇聚"十分亮"文化理念，统筹发挥"1+6"新时代文明实践中心聚力、辐射作用，全面开展"电力科普·安全童行""小舟一叶·书香同盟""文明宣讲·文化有礼""爱心结对·帮扶暖心""四季同行·电靓同盟""绿色环保·守护家园""用电无忧·服务在邻""党员争先·指标促提升""红心互联·联建聚合力""电助发展·一起向未来"十大主题行动，通过政企、村企、校企多向联动，以更优质的电力服务与更可靠的电力保障，全面助力乡村振兴。

（二）具体措施

1. 组织支撑有保障，夯实项目基础

（1）**结合重点抓立项**。成立重点项目实施领导工作小组，对项目内容进行全面部署，发布"文明实践'一束光'文化赋能'十分亮'"主题活动，制定专项活动方案，明确详细工作内容、责任部门，通过公司内部网站、新媒体等平台进行项目宣传，形成浓厚的创建氛围。

（2）**分段实施抓具体**。按照项目实施方案，建立活动开展计划表，结合业务工作实际，明确工作责任，各支部书记认领工作任务，研究制定切实可行的行动计划，创新方式方法，逐项推进文化品牌创建。

（3）**巩固成果抓成效**。积极搭建活动阵地，收集活动资料，强化制度执行，对各支部在项目实施过程中出现的好做法、好经验、好成果，及时总结推广，探索文化建设品牌化管理，确保项目推进有效。

2. 党建引领有力量，助力项目出彩

（1）**党员争先，作用突出**。以"一区一岗"创建为基础，重点实施"党员争先工程"，树立"以服务突出支部模范性，以指标彰显党员先进性"的导向，结合企业负责人关键业绩指标，确立174个党员争先目标，通过措施跟进、目标落实，跟踪问效党员指标完成情况，推进党员先锋作用成效发挥最大化。持续运用"最美五星党员"评选模式，将作用发挥

■ 党员亮身份，指标促提升

■ "党建＋近邻服务"项目获省公司"党建＋"优秀成果金奖

好、争先成效好的党员选拔出来，实现典型带一片的特色效应。

（2）**红心联建，发挥有力**。持续深化"我为群众办实事"，依托"红心互联"联创共建项目，以党建为媒实现地方与公司、企业与供电所的高频沟通，创造了新乡市首个"政企＋电企"的共建模式。2022年，围绕建团100周年、新时代文明实践站认领等活动，与获嘉县团委签订"红心互联"联创协议，与黄堤镇达成共建意向，不断扩展电力"朋友圈"。同时，扎实开展联创对象服务回访活动，共享联创成果。

（3）**近邻服务，叩响心门**。深化"用电无忧·服务在邻"活动，打造"党建＋近邻服务"项目，推动"近邻党建、近邻网格、近邻志愿、近邻共建"耦合，创新实施服务网格"近邻化"管理、特殊客户差异化管理、创建"长者友好型"营业厅、延伸"钱海军"模式等具体服务举措。公司"党建＋近邻服务"项目荣获国网河南省电力公司"党建＋"优秀成果金奖。

3. 文化活动有特色，凸显项目价值

（1）**多样载体创亮文化**。结合省级文明单位创建，围绕"小舟一叶·书香同盟""文明宣讲·文化有礼""绿色环保·守护家园"等行动内容，到基层供电所开展送文化下乡、共度传统佳节、馨香书屋共建、女职工职场礼仪展示等活动20余场。同时，积极配合获嘉县"四送一助力""双创建设"工作要求，实行公司领导带班负责制，组织300余人次参与责任路段环境整治，取得显著成效。

■ 到结对帮扶村开展"我们的节日·端午"主题活动

（2）**履行责任提升文化**。结合电力行业特点，积极开展"电力安全嘉年华"活动，组织志愿者到学校讲授安全用电知识，创新《获小电街访》线上媒介，提升全社会安全用电意识。与黄堤镇、三刘庄村、西街村签订共建认领新时代文明实践站（所）协议，编制共建台账，推进精神文明建设。落实社区共建要求，75 名党员完成社区"双报到"，积极投身所在社区疫情防控、环境整治等专项工作。助力乡村振兴，与三刘庄村开展"爱心结对·帮扶暖心"活动。同时，加大农村区域配电网建设，全面保障获嘉县电网安全稳定和承载力提升。

三、实施效果

1. 全员响应，队伍素质有提升

（1）**支部统筹，集中发力**。项目实施领导工作小组充分发挥指导作用，建立小组领导、支部认领、全员参与的文化融入机制，分支部建立项

■ 深化"最美五星党员"结果应用

目进展计划表，支部书记作为专项活动主要负责人，充分发挥"指挥棒"作用，通过主题活动的开展，有效提升支部组织力、凝聚力。

（2）**党员带头，全面推进**。项目实施过程中，公司 199 名党员在优质服务、用电宣传、结对帮扶、城市创建等工作中带头示范，带动了身边员工积极参与，助推了公司员工思想与行动的实际转换，将思想文化润物无声的作用全面发挥，激发了员工工作积极性，进而促进了公司年度目标的完成。2022 年，公司荣获国网河南省电力公司先进集体称号。

2. 载体推进，融入融合显成效

（1）**志愿服务荣获佳绩**。建立"电力义工"服务队，与焦裕禄共产党员服务队、"三色光"电力青年志愿者服务队深化"四季同行·电靓同盟"志愿活动成效。公司荣获河南省学雷锋示范点，服务队获新乡市首届"青年五四奖章集体"、新乡市"最佳青年志愿服务集体"称号。

（2）**红心互联获全媒体关注**。通过"红心互联"项目实施，公司共签订外部联创协议书 32 份，收到锦旗（感谢信）18 面，特色服务方式先后被《新华社》、人民日报客户端、学习强国、《国家电网报》《中国电力报》、河南卫视等平台报道近 800 篇，赢得了广泛的社会关注度。

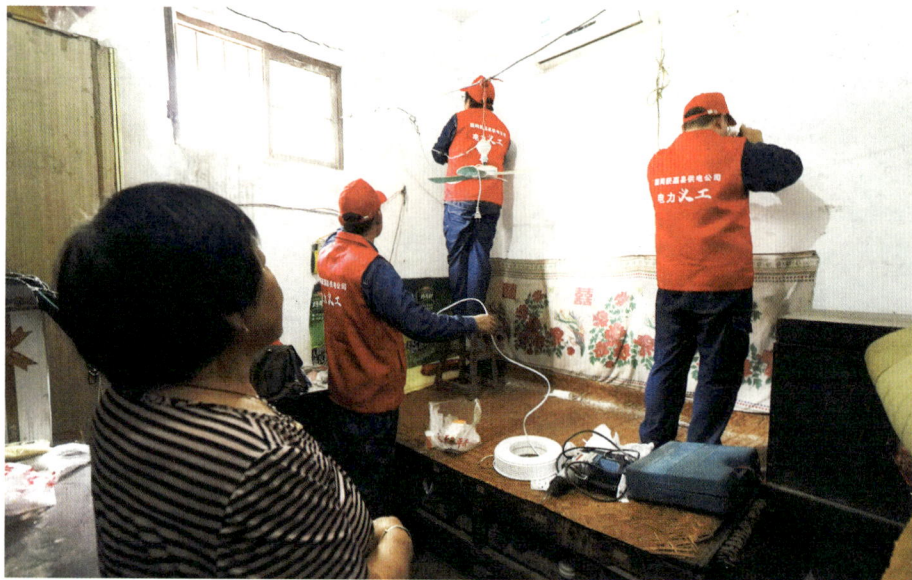

■ 电力义工，服务到家

四、分析与思考

国网获嘉县供电公司"文明实践'一束光' 文化赋能'十分亮'"项目作为落实社会主义核心价值观及企业文化建设的重要载体，坚持把文明实践活动贯穿企业发展全过程，围绕"文化铸魂、文化赋能、文化融入"专项行动要求，把项目实施与能力作风建设年活动、年度中心工作和队伍素质提升紧密结合，将"点亮'一束光'，汇聚'十分亮'"项目理念贯穿始终，让文化理念有温度，有活力。在下一步工作中，公司将持续发挥电力特有的"光"和"亮"，在固化项目成果、推广活动经验上下功夫，推动项目成效发挥最大化。

项目完成人：于卫华　岳　怡　王　培　贺雯捷　冯　楠

打造焦裕禄共产党员服务队示范服务点
擦亮为民服务"金色名片"

国网开封供电公司

一、实施背景

党的二十大报告提出，必须坚持人民至上。电网企业作为关系国家能源安全和国民经济命脉的国有重点骨干企业，承担着保障安全、经济、清洁、可持续的电力供应的基本使命，是服务保障民生的重要力量。国网开封供电公司始终坚持把深化焦裕禄共产党员服务队建设作为践行"人民电业为人民"企业宗旨的重要抓手，把党员服务队建设作为推进全面从严治党向基层延伸和加强基层党建工作的特色实践，把为民服务"金色名片"项目作为公司履行央企"三大责任"、做好电力先行官、提升服务水平的有效载体，彰显央企的社会责任担当。

二、实施内容

（一）工作思路

按照践行"做好电力先行官、架起党群连心桥"的要求，传承好红色基因，深化"焦裕禄精神、电力传承"特色实践，为进一步增强公司焦裕禄共产党员服务队的先进性、示范性和凝聚力、战斗力，巩固成果、深化建设、提升能力、擦亮为民服务"金色名片"品牌，打造"一个示范服务点"（焦裕禄共产党员服务队示范服务点），通过"五个融入"（焦裕禄精神融入战略目标、融入业务工作、融入社会责任、融入思想文化建设、融入服务队行为规范），做好"四个定位"（争当焦裕禄精神的传承者、新时代党建的领路人、企业改革发展的践行者、为民服务的先锋队），实践"五个维度"（抓实制度体系、思想教育、实景阵地、线上平台、行为规范），持续提升焦裕禄共产党员服务队的社会知名度、美誉度、影响力和价值创造能力，引领广大党员在推动战略目标落实落地、优化电力营商环境、助力乡村振兴等重大任务中当先锋、作表率。

（二）具体措施

1. 打造"一个示范服务点"，连好"暖心线"

在兰考桐乡中心供电所，创新建立焦裕禄共产党员服务队示范点，依托兰考全国首个县域"双碳"进程监控分析系统，深化优化营商环境用电服务"帮您办"办公室建设，在日常单一工作中，每位服务队员都是一个服务之"星"，在自己的"服务圈"中，大力实施"五步法"（靠前一步沟通、走进一步宣传、贴近一步倾听、深入一步分析、跨越一步服务）工作措施，以优质服务"四个一"（一位专属经理、一张管理网络、一套激励机制、一个闭环体系），打造"区域经理"专属服务团队，构建"微信群+网格化"用电服务模式，将营业厅延伸到

■ 公司共产党员服务队开展安全用电宣传活动

客户身边，形成"服务有网、网中有格、格中有人、人司其职"的服务新模式，全面畅通用电服务"最后一百米"，连好"暖心线"。

2. 通过"五个融入"，架好"暖心桥"

焦裕禄精神融入战略目标。依托公司企业文化园阵地，制作学习弘扬焦裕禄精神有关宣传展板、标语，利用公司宣传栏、广告机、电子屏，刊播焦裕禄精神实质内涵、典型事迹等，把焦裕禄精神宣传教育潜移默化融入日常、嵌入工作。邀请焦裕禄纪念馆馆长、焦裕禄干部学院专家进行焦裕禄精神专题辅导讲座，积极参与开封市"红色文艺轻骑兵"焦裕禄精神宣传小分队活动，感悟焦裕禄精神成果伟大之处。焦裕禄精神融入业务工作。坚持业务相近、联建联创，开展基层党支部"三零三有三示范"建设，深化"党建+"工程，2个项目在省公司评比中分获一金一铜。打造"红雁青马"特色实践，入选省公司"豫电青马"八大行动之一。建立党建工作例会机制，每月在公众号上刊发党建宣传工作月报，提高月度绩效

■ 公司共产党员服务队参与"红色文艺轻骑兵"焦裕禄精神宣传小分队活动

考核党建占比，多维提升党建工作质效。加强理论研究，2项成果分别荣获中国电力思想政治工作研究会优秀案例、全国电力企业管理创新论文大赛二等奖。围绕学习传承焦裕禄精神，组织党支部书记开展"在干什么、想干什么、该干什么、能干什么""四个干什么"专题调研，撰写调研报告。焦裕禄精神融入社会责任。全省首家"电力爱心超市"在谷营镇代寨村挂牌，兰考县供电公司获评国家电网有限公司"社会责任示范基地"。加强信访稳定、保密统战工作，未发生影响公司形象的事件。焦裕禄精神融入思想文化建设。坚持将"三学"内容纳入党委中心组学习、支部"三会一课"、党员干部教育培训等，举办"学习焦裕禄·实干勇担当"演讲比赛、"崇德尚礼"系列活动，激励党员干部以焦裕禄为榜样务实重干、拼搏进取。焦裕禄精神融入服务队行为规范。摸排重点工程、重点人群、重点机构情况，每个服务队应根据服务专业建立固定的联系点（单位联系点、企业联系点、社区联系点和物业联系点等）；每个队员应与政府部门、社区工作人员，以及学校、企业等进行沟通联系，全力做好安全用电、科学用电、节约用电宣传和用电隐患排查、优化用电指导等服务；建立爱心档案和爱心仓库，将服务过的单位和群众详实登记，发放便民服务联系卡，建立爱心档案，便于服务跟踪；依托现有备品备件制度设立爱心仓库，主要用于困难家庭线路整改、升级等，服务队应设专人负责如实登记仓库出入库记录，架好"暖心桥"。

3. 做好"四个定位"，办好"暖心事"

争当焦裕禄精神的传承者。锻造"三能五一"干部队伍，建立"7×24"小时随机问政记录表和"红黑本"制度，打造"能通专业、能带队伍、能出成绩，内外形势一眼明、考核指标一口清、重点攻坚一贯穿、工作成效一手精、解决问题一招准"的干部队伍。争当新时代党建的领路人。结合"党建+"工程项目，构建"数字+降碳"绿色减碳模式，依托党员责任区、示范岗创建等载体，组建柔性团队深入调研、精确规划，加速推进了兰考农村能源革命建设进程。争当企业改革发展的践行者。全力服务乡村振兴，建设并完成 2 家电力爱心超市；高效完成 7 个惠农富民乡村电气化项目，并纳入国家电网有限公司乡村电气化提升工程推广计划；落实保障政策，

■ 公司共产党员服务队在小区进行电缆维修

对低保五保户减免电费 614.89 万元，光伏扶贫电站支付购电费及转付补贴共 3405.07 万元。争当为民服务的先锋。面对疫情，焦裕禄共产党员服务队"疫"线担当，开展"拉网式"用电需求调研，推行"跟踪式"用电安全检查，实施"饱和式"用电安全宣传，办好"暖心事"。

4. 实践"五个维度"，干好"暖心活"

抓实制度体系。纵深推进全面从严治党，落细落实 5 个方面 30 项重点任务。开展约谈提醒，督促相关部门梳理制定管理机制、流程、办法 19 项。抓思想教育。广泛开展"建功新时代、喜迎二十大"系列活动，举办职工读书月、青年歌手大赛、"我和祖国同生日"等 17 项文体活动。

■ 共产党员服务队开展安全用电进校园活动

抓实景阵地。加强供电所廉洁阵地建设，开展"纪检＋业务"日常约谈，推动廉政建设进一线、进班组。抓线上平台。第一时间组织收听收看党的二十大开幕盛况，建立专题学习进头脑、理论宣讲进基层、宣传教育进一线、贯彻践行进岗位"四进"学习贯彻模

式，通过"第一议题"、中心组集中学习、专题报告会、领导讲党课等形式，迅速掀起学习热潮。抓行为规范。着力打造"三清三明"干部队伍典型做法、供电所"千分制"绩效考核机制，并向国家电网有限公司推荐。创新开展"三微一提"主题培训活动，典型经验参评国家电网有限公司"一体四翼"发展布局落地实施最佳实践案例。

三、实施效果

（1）**牢记初心使命，塑造社会良好形象**。共产党员服务队始终以高度的政治责任感和奉献精神，像一面鲜红的旗帜始终高高飘扬，用真心传承诠释焦裕禄"对群众的那股亲劲、抓工作的那股韧劲、干事业的那股拼劲"的"三股劲"精神，用实际行动送光明、送温暖、架起群众连心桥，他们的先进事迹受到各大媒体广泛宣传报道。2022 年，服务队先后荣获国家电网有限公司优秀共产党员服务队；原创歌曲《信仰照耀东方》荣获国家电网有限公司工会"喜迎二十大　永远跟党走"职工文学艺术作品创作活动二等奖；新闻报道《奋勇争先谱华章　光耀中原更出彩》《千年梦华　电靓古都》等在《新华社》《中国电力报》发表；公司业绩指标全面提升、年度考核"连夺三 A"的优异成绩，收获了市委市政府和国家电网有限公司、省公司的充分肯定。

（2）**勇于担当作为，争做履职尽责表率**。共产党员服务队立足岗位、践行宗旨，不向困难退半步，只向胜利添精彩，在建设具有中国特色国际领先的能源互联网企业中当先锋、作表率，冲在一线，干在前头。面对"7·25"特大暴雨，他们闻"汛"而动、听令而行，充分发挥党员先锋模范作用，示范带动广大党员干部展开了一场艰苦卓越的抗洪抢险保供电战役。公司历史首次荣获国家电网有限公司红旗党委、先进集体党政"双料先进"，荣获国家电网有限公司抗洪抢险保供电突击队，河南省脱贫攻坚先进集体、节能减排竞赛先进集体，省公司"先进集体"，开封市"先进基层党组织"和防汛抢险、制造立市、环境建设年表现突出单位等多项荣誉称号。

（3）压实政治担当，提升供电服务水平。牢记"国企姓党"政治基因，教育引导各级党组织以"站位政治看业务"视角，找准助推地方经济发展的契合点。公司全力服务黄河流域生态保护和高质量发展、"郑开同城化"、防汛应急、电力保供、乡村振兴等一批鲜活实践赢得社会广泛赞誉，先后收到开封市政府、伞降实训部队、"7·25"特大暴雨受灾企业等社会各界锦旗、感谢信70余次，累计为188个"万人助万企"企业、117个"三个一批"重点项目开展主动服务485余次，荣获开封市制造立市、安全稳定"先进单位"等多项荣誉称号，公司大国重器的"顶梁柱"本色得到有力彰显。

四、分析与思考

国网开封供电公司通过开展《打造焦裕禄共产党员服务队示范服务点擦亮为民服务"金色名片"》重点项目实践，服务队在组织保障、规范管理、优质服务等各项工作得到全面提升，并取得了一定成效。随着社会经济的不断发展，面对电力客户越来越高的供电服务需求，只有不断探索新形势下服务模式，完善服务机制，强化服务功能，拓展服务的内涵和外延，提升优质服务水平，才能打通服务群众"最后一公里"，架起与人民群众之间的"连心桥"，为公司加快建设具有中国特色国际领先的能源互联网企业提供坚强保障。

项目完成人：孟凡斌　郭　蕴　陈晶晶　吴鹤宇　徐晓波

多维度筑牢企业文化高地　打造文化强磁场

国网河南电科院

一、实施背景

企业文化就像一种磁场，看不见、摸不着，但时时刻刻引导约束着员工的行为习惯与前行方向。国网河南电科院深入贯彻"文化铸魂、文化赋能、文化融入"实践路径，整合优化公司企业文化资源，以凝心聚力为目标，强化"文化搭台、员工唱戏"的工作效应，着力聚合内生力量，筑牢员工精神家园，激发文化实践动能，全面提升企业文化吸引力、感染力、穿透力，全力打造一个人心所向、集智聚才、合力前行的"文化高地"，释放"文化磁场"效应，以高水平的人心凝聚、人才汇聚、人气集聚，引领广大员工阔步迈向中国式现代化新征程，为推动国网河南电力向"大而强"迈进提供强有力的思想保证与智力支撑。

二、实施内容

（一）工作思路

国网河南电科院以国网战略目标与企业文化为指引，从理念指引、阵地建设、平台打造、载体创新四个方面为着力点，全面推动国网优秀企业文化精准落地、精细落实，深入增强"聚合力、牵引力、助推力、拓张力"四步走，全面构建向导式"指南针"、融合式"文化园"、赋能式"创新链"、众创式"活力圈"，多维度建设"四式四力"电科文化磁场，强化"文化搭台、员工唱戏"的工作效应，全面提升企业文化吸引力、感染力、穿透力，吸引集聚优秀人才创新创效，引领推动广大员工奋勇争先，为推动国网河南电力向"大而强"迈进，为建设具有中国特色国际领先的能源互联网企业而奋斗。

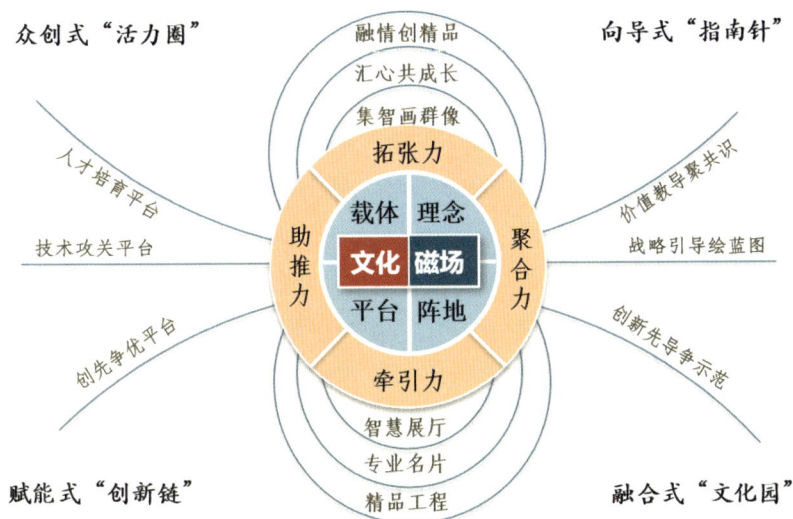

■ "四式四力"电科文化磁场

（二）具体措施

1.巩固聚合力，构建向导式"指南针"

（1）**战略引导，绘制"愿景蓝图"。**以党的二十大精神为指引，锚定省公司"大而强"战略目标，着眼发挥电科院"技术＋数据＋创新＋人才"的新要素优势和作用，站位"公司核心业务重要保障和管理决策辅助支撑"主体定位，创新提出"国内一流、国际有一定影响力的新型电科院"的发展目标，指引电科院长期坚持奋斗的方向和蓝图。

（2）价值教导，凝聚"行动共识"。基于电科院的愿景要求、发展优势与业务特点，按照"简洁有力、内涵丰富、易于传播"的原则，提炼"创新、有为、豁达、自信"四大

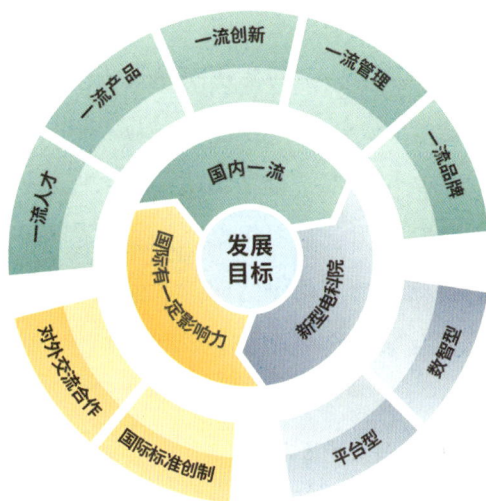

■ 电科院发展目标

价值理念，以"创新是我们的核心能力、有为是我们的价值追求、自信是我们行为风格、豁达是我们的为人境界"，把广大员工的思想行动统一到国家电网战略部署与企业发展愿景之中。

（3）创新先导，精耕"文化示范"。充分发挥电科院员工素质高、专家人才多、技术水平精的优势，以争创国家电网有限公司创新文化示范点为抓手，着力探索企业文化融入创新创效的落地实践路径，全力推动"智领先锋、智汇创新、智撑业

■ 电科院"创新 有为 豁达 自信"价值理念

务、智谋管理"创新文化体系建设，大力营造创新创效文化氛围，全面孵化创新文化的标准范式、精品成果，全力提升电科院科技创新水平与电网保障能力。

2. 提升牵引力，构建融合式"文化园"

（1）**"智慧展厅"聚人气**。按照一站式、体验式、互动式原则，运用信息化、数字化、智能化手段，抓好"人、事、物、技"，通过主要试验场所全展示、监控平台全接入、模拟操作试验全体验、智能设备全互动等，全面展示电科院的专家典范、创新故事、技术成果、实践案例等文化成果，全力打造科技含量高、文化导向清、亮点特色显的文化综合体验展厅。

（2）**"专业名片"强特色**。结合各专业各部门的办公室、走廊楼道、班组园地、职工之家等工作生活碎片空间，按照统一策划、分级管理、鼓励创新的原则，以"一专业一品牌"的方式，全力推动各部门结合自身特点打造文化长廊、文化角落、文化阶梯、文化名片，创建专属文化"名片"，让员工在日常小场景中感知优秀企业文化内涵魅力。

（3）**"精品工程"提动力**。坚持落细落小落实，以嵌入示范项目、植入重点工程、融入关键领域为路径，面向重点工程，推动"一工程一特色"建设，大力推动企业文化进基层部室、进工程现场、进实验室，着力打造一批科技人文感强、工作亮点突出、文化氛围浓厚的实验室、工程部，为基层工作现场注入文化活力。

3. 增强助推力，构建赋能式"创新链"

（1）**典型引领，打造人才培育平台**。充分发挥电科院卢明、王骅、张科等先进人才的引领作用，全面推动"国网大匠"巡讲演讲活动，创设开展"高峰论坛""专家讲堂""豫电论坛"等一系列宣讲分享课堂，多形式多载体地宣传先进典型人物与事迹，打造"高精尖缺"人才"文化圈"，全面营造"尊重人才、吸引人才、培育人才"的工作氛围。

中层领导人员队伍
专家人才队伍
专业技术人员队伍
职能管理人员队伍

搭建三大体系
专家人才培养体系
员工能力建设体系
职业发展通道体系

建设目标
高端人才突破
队伍活力迸发
行业权威塑造
制度体系完善

建设四支队伍

实施重点举措

制定各级专家人才选拔、培养、使用、考核、激励相关制度

开展专业技术人员三阶段能力培养

绘制员工成长地图，一人一策一档培养

畅通人员流动，加强多岗位交流和实践锻炼

搭建专家人才宣传和展示平台

■ 电科院人才工程发展思路

（2）**产研联动，深化技术攻关平台**。以国家电网有限公司级专家、复合型领军型人才为牵引，加强专家工作室、博士后工作站、国网实验室等一系列创新研究平台建设，联合厂家、生产单位、各大高校等，积极统筹谋划重大项目、重大技术成果、重大特色示范工程等一系列新型研究攻关项目，培养一支高水准、高技术的专家队伍。

（3）**分层分类，构建创先争优平台**。整合党员活动室、创新工作室、班组园地、职工之家等各类工作阵地，为员工提供不同类型不同层面的创先争优平台，全面打造"青创赛""实验室里说创新""小智讲点子""文化大比拼"等多元化创先争优平台，营造"你追我赶，不断超越"的良好氛围。

4. 激发拓张力，构建众创式"活力圈"

（1）**具象化，集智"画群像"**。立足战略践行导向，突出电科院专业特质，汲取电科院员工精气神，面向全员发放IP"征集令"，按照"小而精、实而美"的原则，通过员工征集、创意PK、多轮评审等，选定专业强、表现萌、亲和感足的"豫电小智"IP形象，定制推出15个微信表情包，形成了员工认可度高、专业特色度强、文化内涵深的落地载体。

（2）**仪式化，汇心"共成长"**。按照"大型活动制度化、小型活动经常化"原则，坚持以员工为中心，在青年职工成长生涯周期中全面植入仪式化工作，全面开展入职仪式、换岗仪式、拜师仪式、表彰仪式、退休仪式等活动，通过深化仪式流程、规范仪式程序、强化仪式表达，提升员工的身份感、归属感。

（3）**趣味化，融情"创精品"**。以员工喜闻乐见、易于接受、富有创意的形式，创新推动情景剧、青年小智开讲、辩论赛、打油诗等文化特色实践活动，制作动漫《嗨，我是小智，终于等到你》、"小智探班"系列Vlog、"小智课堂"电力科普系列视频等文化精品成果，激发全体干部员工科技创新"燃"动力。

三、实施效果

（1）**打造了多元共进、集智聚才的文化高地**。深化了电科院企业文化品牌建设，推动了以人才为核心、以创新为驱动的企业文化工作体系建设，构建形成了"理念—阵地—平台—载体"四维一体的"文化强磁场"，丰富电科院特色创新文化内涵和个性形象，建设多维一体的"体验式、互动式、科技感"企业文化阵地，打造了文化IP周边产品，引领激励全体员工创先、创新、创效，公司人才当量密度稳居省公司系统首位，涌现出了国家电网有限公司首席专家杨文，省公司优秀专家王伟、卢明等一系列先进典型，提前实现了"三年出首席"的目标。

（2）**助推了攻坚克难、集智众创的科创硕果**。全体干部员工紧紧围绕电科院高质量发展，立足岗位研技术、精益求精抓创新，推动核心技术领先，克服人员短缺、工作集中、疫情影响的多重困难，牵头荣获省部级科技奖励 33 项，获奖数量创历史新高。其中，"规模化电力电子变流设备接入电网稳定运行能力提升关键技术及应用"获中国电力科学技术奖一等奖，实现公司该奖项零的突破，"配电变压器电能质量附加损耗解耦表征学习建模方法研究"获得国家自然科学基金委资助，实现公司国家自然科学基金项目零的突破。

四、分析与思考

打造"文化高地"、构建"文化磁场"，坚持立足本单位的工作业务特点与发展战略定位，深化企业文化建设的现状目标分析，整合企业文化资源，以清晰的理念指引、浓郁的文化阵地、精细的创新平台、鲜活的实践载体推动企业文化融入员工的日常工作生活之中，以员工喜闻乐见的方式，提升企业文化的合力、引力、推力、张力，形成"无形而有力"的文化影响力与辐射圈，让文化载体"活"起来、让广大员工"燃"起来，形成"全员参与、亮点纷呈、硕果累累"的企业文化工作局面。

项目完成人：陈　涛　张欢红　刘玮蔚　景冬冬　王文博

"三级五维"安全文化行为导引模式构建探索与实践

国网南阳供电公司

一、实施背景

　　国网南阳供电公司系统现有各级党组织 385 个、党员 5021 名。党组织数量多、党员人数多、基层党组织分布分散是南阳公司基层党建工作的实际情况。据此，国网南阳供电公司党委坚持战略引领、强化文化驱动，在文化浸润深植工程中，针对"两多一分散"实际，积极构建"三级五维"安全文化行为导引模式，激发党组织战斗堡垒作用和党员先锋模范作用，引领保障和推动安全生产。通过学习贯彻习近平总书记关于安全生产重要论述和指示批示精神，创新推进安全专项文化建设，树立安全典型，采集安全故事、共享安全经验、传播安全之声，推动党建和企业文化在安全生产领域全面落地深植。

■ 公司党委书记、副总经理张永斌（左 1）现场指导"党建＋安全生产"工作

二、实施内容

（一）工作思路

坚持"两抓一建"（抓矩阵团队、抓专业策划、建传播途径），突出"三级联动"（基层党组织联动、安全协作区联动、安全文化示范点联动），形成安全责任引领、安全机制规范、安全习惯养成、安全故事传播、安全沟通交流"五维浸润"品牌矩阵，实现党建工作与安全生产"双轮驱动"，汇聚"相互关爱、共保安全"新动能，有效增强公司本质安全能力，筑牢"两个不出事""四个百分之百"底线。

（二）具体措施

1. 坚持"两抓一建"，上下同欲提升执行意识

紧扣"党建+安全生产"主旨和目标，通过"树立力量—情感认同—确定载体"三个阶段，抓矩阵团队、抓专业选题、建传播途径，准确定位受众面和需求点，做好项目组织实施。

（1）**抓矩阵化项目团队**。党建部负责项目的管理和传播落地及组织实施，安全监察部负责项目的专业承载，各单位各条线负责开展形式多样的项目实践，齐抓共管、形成合力，有序推进项目建设。

（2）**抓专业化策划选题**。以既符合公司安全工作实际，又符合安全管理要求为标准，团队攻坚、策划出一批专业性、故事性较强，并且具有典型性和代表性的安全文化品牌。

（3）**建具象化传播途径**。注重以人为本、突出以人为中心，以"故事由谁来讲、故事要怎么讲"两个维度，形成层次分明、定位精准的文化传播途径。

■ 矩阵化项目团队攻坚策划

2. 突出点面结合，"三级联动"营造安全氛围

（1）**基层党组织联动**。公司各基层党组织以党委理论学习中心组、"三会一课"等形式开展专题学习，在"面"上全域覆盖、全员参与。公司领导班子成员指导党建联系点安全工作，围绕安全生产开展"三大一保""五查五严""五问"大讨论。领导班子成员深入工区班组，开展"安全对话谈一谈"活动，促进安全责任落实、解决工作难点。重大保电活动期间建立临时党支部，做到保电零故障。

（2）**安全协作区联动**。组建"党建＋安全"协作区，市县对口联动、区域支撑互动，发挥好轮值组长单位"领头雁"作用，点成线、线成网，通过现场观摩、交流互促，构建安全共抓、责任共担、资源共享的"立体式"党建融入安全工作新格局。

（3）**安全文化示范点联动**。坚持"全环境"感知，打造张衡集控班等所（站）安全文化示范点，利用文化挂画、文化墙、宣传栏、文化长廊等，在员工身边传播安全理念、安全故事，打造"看得见、摸得着"的安全文化，让本质安全理念愈发出彩。

3. 聚焦知行合一，"五维浸润"形成品牌矩阵

（1）安全责任引领维度，强化全员安全责任落实。以全员安全责任清单和领导班子成员"两个清单"为抓手，以公司内网为宣传阵地进行公示，让广大员工在学习中知责、明责、履责、尽责。推出《宛电话安全》访谈。分层级对话党政主要负责人、营销副总经理、安全总监、供电所长等安全责任人，就安全生产责任落实、防汛安全管理、营销安全管理等话题开展访谈，共享安全经验及认识体会，让员工清楚我要安全该"如何做"，身临其境感受安全、提升安全意识和技能。

■ 在输变电工程现场组织"三带三有"观摩

■ 党员身边无事故"三带三有"安全宣誓

（2）安全机制规范维度，实施党员护航安全先锋行动。聚焦省公司"两不两防"，把党员身边无事故"三带三有"无缝融入各专业日常和作业现场，在输变电工程施工现场开展"三带三有"标准化观摩，创作电网建设、变电运维、配电抢修等专业示范片，做好"三岗两员一队"作用发挥示范教学，筑牢党员带头不违章根基防线。全面加强作业现场安全管控，按照风险等级设置生产技改大修业主项目部和监督员，落实中层干部现场安全监督机制。

（3）安全习惯养成维度，创新开展"党员100"工程。坚持推进开展"党员树标杆争第1、0工单、0违章"，激发强党建活力，党员带头开展电力设备重点隐患排查治理和反违章工作，以及深入现场常态化开展"用电隐患大排查"，设立党员安全监督岗、党员安全责任区施工现场点

■ 开展"党员 100"工程

面结合保安全。在各作业现场设立驻点安全管控专责,加强作业现场安全管控。通过安全风险管控平台、布控球和行为记录仪等技术手段加强现场监督,强化违章预控,促进作业行为规范。

(4)**安全故事传播维度,创作安全之声系列微视频**。策划拍摄《守护》《传承》《老兵说安全》等安全系列视频 19 部,以歌曲、快板、微电影等易懂易学形式,深层次激发员工内心共鸣,引领员工自觉自愿护航安全。推进安全系列微视频学习实践落地基层,开展"无违章班组、党员身边无违章"创建活动,深化实施"双培养一输送",在安全生产实践中培养党员骨干,把安全生产成效作为检验党员队伍战斗力的重要内容。

(5)**安全沟通交流维度,创新"耳濡目染"的培育方式**。将行业典型事故案例以动漫视频形式再现,通过开展专题案例安全生产一堂课和现场实操演练,规范安全作业流程,引导员工学思践悟。布展"平语近人"文化长廊,依托公司内网和公众号平台进行安全系列宣传,受众人数达万余人次。

■ 公司安全系列微视频

三、实施效果

"三级五维"安全文化行为导引模式的构建，助推公司工作实现了三个"登高"。

（1）**思想意识登高**。依托党员的全员参与、科学合理的机制体系和受众喜爱的运作模式，对党员的观念、意识、态度、行为产生从无形到有形的影响，促使党员主动参与、积极表率、勤于行动、作出业绩，形成"立足岗位保安全、履职尽责当先锋"的良好氛围。

（2）**党建创新登高**。经过行为导引模式的搭建与实施，以党建驱动安全责任落实，突显了党建工作在公司经营发展中的引领作用，使党员的先锋模范作用、带头作用充分发挥，形成了一系列的创新成果，打造了安全文化亮点，提升了党建价值创造力。

（3）**电网安全登高**。"五维浸润"品牌矩阵对安全学习等故事化诠释，深受员工喜爱，规范提升了全员安全行为，助力安全生产大提升。公司形成零容忍反违章高压态势，有效管控 52 起六级以上电网风险、191 项三级及以上作业风险。公司圆满完成积极支援西安、吉林抗疫，优质高效完成党的二十大、首届企业家节等 122 项保电任务，彰显文化赋能安全生产强大力量。

四、分析与思考

文化引领保安全，党员先锋促发展。"三级五维"安全文化行为导引模式构建，形式多样的宣传教育手段，使安全理念和规章制度春风化雨般渗透到员工工作方方面面，引导员工形成了关注安全、关爱生命的情感认同。公司呈现安全目标立足政治站位、安全生产依靠政治引领、安全责任体现政治担当的新格局。公司党组织转化成战斗堡垒和先锋模范作用更加突出的优势。项目找准了党建工作切入安全生产的着力点，实现了党员安全素质和党组织工作质效的双提升，为基层供电企业"党建＋安全生产"和安全文化建设工作开辟了新思路、新途径、新方法。

安全生产是底线红线，抓安全生产任重道远。党旗所指，行动所向。下一步，国网南阳供电公司将进一步深化项目成果应用，强化政治担当，使"党建＋安全生产"工程机制更加体系化、传播层级化、模式典型化，发挥文化驱动和党建价值创造，更好地赋能安全生产，守牢"两个不出事""四个百分之百"底线，助力公司和电网高质量发展。

项目完成人：张永斌　陶松磊　孙冬丽　冯　霞　苏　蕾

构建"一核六维"安全文化体系

国网平顶山供电公司

一、实施背景

习近平总书记多次强调，要树牢安全发展理念，坚持发展绝不能以牺牲人的生命为代价，要始终将安全生产放在首要位置，切实维护人民群众生命财产安全。国家电网有限公司和国网河南省电力公司高度重视反违章工作，先后下发了《国家电网公司安全生产反违章工作管理办法》（国家电网安监〔2011〕75 号）等相关文件。国网平顶山供电公司作为关系国计民生和用电安全的供电企业，践行安全发展理念、保障电力安全可靠供应、守住电网安全生命线责无旁贷。当前，公司现场安全管控仍存在薄弱环节，文化引领、凝聚力不突出，强化安全文化建设势在必行。

二、实施内容

（一）工作思路

以"两个不出事　四个百分之百"为核心，聚焦"要安全、会安全、能安全"目标，以规范管理为根本要求，构建以"思想建设、素质提升、责任落实、锻强补弱、文化宣传、党建赋能"为支撑的安全文化体系，增强安全文化的引领力、原动力、保障力、管控力、吸引力和凝聚力，守牢安全生产生命线，确保电网安全发展和公司高质量发展。

（二）具体措施

（1）**加强思想建设，增强安全文化"引领力"**。知为行之始，行为知之成。抓安全促发展，首先是在思想上达成共识、在理念上树立导向。一是专题学习筑根基。组织开展党委会、党委理论学习中心组、班组会安全学习"三个一"活动，"人民至上、生命至上"主题党日等活动，对习近平总书记关于安全生产工作的重要论述和指示精神、《国务院安委会安全工作十五条举措》、国家电网有限公司《关于进一步加强生产现场作业风险管控的通知》等材料进行学习，打牢"安全第一"的思想根基。二是以案促改强理念。组织开展专题安全日、"安全生产月""6·17"事故再反思再整改、事故通报学习反思等活动，开展专题民主生活会和组织生活会，深度激发痛感，举一反三、以案促改。三是思想引导促转变。发挥党支部思想

■ 变电运维中心党支部开展"人民至上、生命至上"主题党日活动

教育引导的主体作用，定期开展安全形势任务教育、思想动态调研分析和谈心谈话，化解思想隐患，引导员工"要我安全"向"我要安全"的转变。

（2）聚焦素质提升，增强安全文化"原动力"。一是精准滴灌。坚持"干什么练什么、缺什么补什么"的原则，针对不同专业、不同人群，分层分类精准培训，开展安全教育培训、水上救援技能专项培训、配电专业大培训等专项培训，将安全知识和技能转化为正确的判断、必要的质疑、精准的操作、及时的自救。二是以考促提。组织开展《国家电网公司安全事故调查规程》考试和"三种人"安全培训考试，促进对《安全生产法》《安全事故警示》《电力安全规程》等内容的再检验、再强化，以测试结果检验学习成效，进一步增强员工风险辨识能力、提高全员安全技能水平。

（3）聚焦责任落实，增强安全文化"保障力"。一是以明责、知责促人员落责。制定印发 2022 年领导班子成员"两个清单"、细化更新各级专业部门"三管三必须"安全生产职责清单和全员安全责任清单，分级签订安全责任书，形成"一级抓一级、层层抓落实、人人有责任"的安全责任体系，责任清单在安监管理一体化平台进行公示。二是以督察、检查促人员落责。结合工作重点和时间节点，公司领导班子成员通过"四不两直"等形式，开展安全专项调研、春季、秋季等各类检查，督促责任落实。三是以奖惩考核促人员落责。重新修订《安委会工作规则》《安全生产奖惩实施细则》《反违章工作管理规定》等规章制度，增设线路零跳闸、继电保护正确动作、反违章、到岗到位、风险管控等 5 项专项奖励，创建"无违章班组、无违章个人"奖励，突出正向激励手段，有效激发生产作业人员工作积极性。充分运用安全警示教育、约谈、绩效考核手段，对履责不及时、落责不到位、发生安全事件及违章行为的责任人及单位进行严厉惩处。

（4）聚焦锻强补弱，增强安全文化"管控力"。一是加强作业现场安全管控。公司深刻吸取反违章督察教训，开展反违章专项整顿活动，深入分析违章通报案例，分析各环节各程序违章产生的根源，吃透安全管理要求，从严从细高标准编制应用八类作业现场反违章指导书，弥补了现场管控方面的短板，受到省公司高度评价。二是加强应急处突管理。积极部署 SG-ECS 新应急指挥系统宣贯和建设，开展首轮应急基干队伍水上救援专项训练，吸取"7·20"特大暴雨灾害教训，完善修编防汛应急预案 8 个、现场处置方案 483 个，组织各类应急演练 135 场次。发布预警 6 项、响应 40 项。组建抢修队伍 105 支（657 人）、基干队伍 8 支（126 人），关联应急装备 351 类，公司应急保障能力、应急协同能力、应急装备水平持续提升。

（5）**聚焦文化宣传，增强安全文化"吸引力"。**文化是一种无形的力量，影响着人的思维方式和行为方式。一是营造氛围感。突出基层班所安全宣传与文化建设，在变电检修中心建成基层安全文化示范点。在变电站建设"党建 + 安全"文化长廊。在工作现场张贴安全警示牌、安全宣传语和各类标识牌，实现随时学习、处处警戒。二是突出主动性。开展"安全文化进班组"活动，变"班组长说、班组成员听"为"班组组长问、班组成员答"。开展"我为安全献一计""安全管理有妙招""事故隐患随手

■ 尊化变电站文化长廊

拍"等专题活动，使班组成员由"被动接受"为"主动思考"。三是突出新颖性。开展"你平安 月更圆"中秋月饼 DIY 嘉会主题活动，倡议员工对生命和健康负责、对自己和家人负责，使安全文化层层深入每个人的内心，变成行动自觉。

（6）**聚焦党建赋能，增强安全文化"凝聚力"。**党建工作做实了就是生产力、做细了就是凝聚力、做强了就是战斗力，坚持用党建赋能推动安全发展。一是支部联建破解难题。深化基层党支部"强规范、重融入、促发展"联建联创活动，以党建推动业务链条工作规范化，各基层党支部围绕安全生产开展活动 264 次，破解生产难题 15 个。二是党员争先带全员。突出党员示范引领作用，结合各个专业工作特点创建示范岗 246 个，划分党员责任区 334 个，制定责任清单，压实区域责任。开展党员身边无事故"三带三有""安全生产我当先"等创先争优工作，创建"三岗两员一队"160 人，签订党员帮带互助协议 320 份，实现安全生产反违章互帮互学、互助互促，凝聚思想共识、汇聚发展合力。

■ 在淇阳变电站开展党员身边无事故"三带三有"活动

三、实施成效

（1）**安全文化理念深入人心**。通过开展企业安全文化建设，充分发挥企业文化在安全管理中的引领作用，形成了"全员讲安全、全员重安全、全员抓安全"的强大合力。

（2）**安全主动意识明显增强**。通过开展多类型教育活动，促进意识深化、责任落实、措施完善，有效推动员工的安全意识由"要我安全"向"我要安全"转变。

（3）**安全基础管理有效提升**。公司"小、临、散、抢"作业现场安全管控水平持续提升，作业计划管控率、视频督察率、现场管控率处全省领先行列。应急值班管理、应急资源监测管理、预警响应管理、应急响应管理等系统应用评价方面处于全省前列。公司电力保供等工作获市委市政府致信表扬 2 次、主要领导批示肯定 11 次。

四、分析与思考

国网平顶山供电公司探索的"一核六维"安全文化体系，推动员工由"要我安全"向"我要安全""我能安全"迈进，形成了安全和文化的互促共赢局面。习近平总书记在党的二十大报告中指出，推进国家安全体系和能力现代化，坚决维护国家安全和社会稳定。电力，关系千家万户、关乎国计民生，必须始终把安全生产放在各项工作的首位，必须牢固树立安全意识、落实安全规定，保障公司安全稳定和高质量发展。下一步，国网平顶山供电公司将着力发挥党建融合赋能作用，全力推动电网安全发展和公司高质量发展。

项目完成人：刘向实　刘　远　王锣丹　王培川　王伟利

打造"田园十八里"文化样本
"电"靓智慧农业

国网开封供电公司

一、实施背景

习近平总书记视察尉氏县时强调，河南粮食播种面积在全国是第二，小麦是第一……这是河南的贡献、对国家粮食安全的贡献，也是奉献。尉氏县十八里镇有着全国最大的蛋鸭生产基地和蔬菜现代农业产业园，为供电所推进乡村电气化提供了较大的平台。国网开封供电公司积极践行人民电业为人民的企业宗旨，立足十八里镇，以助力实现农业现代化为目标，拓展以"三农"服务为特色的文明实践服务，用坚强电力保障和暖心电力服务打造"田园十八里"文化样本，为乡村振兴送光明与温暖，助力实现农业强、农村美、农民富。

二、实施内容

（一）工作思路

十八里镇所在的尉氏县，有战国军事家尉缭、东汉文学家蔡邕、"竹林七贤"中的阮籍，并称"尉氏三贤"，三贤文化源远流长，为十八里中心供电所开展为民服务工作注入了"贤德"品格。尉氏县供电公司积极传承"尉氏三贤"文化，围绕乡村振兴、"双碳"服务，倡导"全能人才、全能质效、全能服务"的文化内涵，实施"十八武艺·铸贤能""十八武艺·干精彩""十八武艺·送光暖"的"十八武艺·贤德送暖"电力服务，为乡镇特色农业注入"绿色电""智慧电""暖心电"，助推智慧农业建设、乡村田园生态发展。

（二）具体措施

1. 构建"特色高地"，奠定文化基础

（1）**构建顶层设计高地**。成立公司企业文化建设领导小组，进一步完善思想文化建设机制，制定重点项目实施方案，细化具体措施，明确时间节点，落实责任目标，做到有的放矢、责任明确、措施具体。定期召开企业文化重点项目推进会，面对面交流经验、提出疑问、破解难题，有效推动工作落实。

（2）**构建党建融合高地**。成立"党建＋乡村振兴"工作领导小组，健全工作责任制，以十八里中心供电所为文化试点，激发党建效能，构建"党建引领、专业协调、统筹推进、重点实施"的工作格局，为建设现代化农业充电赋能工程。通过"三会一课"、主题党日等多种载体，开展焦裕禄"三学三行三评价"等活动，激励党员在为民服务中担当作为。

（3）**构建业务技能高地**。绘制成长路径图，进阶式培养技术骨干，开展"蹲苗"计划，以"老带新传帮带"的形式，帮助青年职工在较短时间内解决技术能力短板，工作经验不足的问题，缩短理论与实践之间的距离，促使青年职工尽快成长为各自岗位上的业务骨干。开展"理论学习＋实操演练""素质教育＋业务技能"双加模式的技能提升培训，进一步提升技能人员专业水平。

■ 公司党员服务队到蔬菜大棚开展帮扶活动

2. 创新"十八武艺·贤德送暖"电力服务法，赋能文化建设

（1）"十八武艺"，铸贤能，打造高质量电力服务队伍。采用交叉学习法，通过台区经理、综合柜员轮岗体验方式，以点带面，提升从业人员的专业技能水平，做到"一人多技、一岗多能"，力促生产、服务技能全能精通，增强服务乡村振兴一线力量。积极开展"上门求学"活动，主动向养殖、种植大户学习农时要点，便于了解用电需求、因村施策。推行"党员＋农户"机制，对农户实施"一对一"上门服务，提升供电服务水平，打造一支"懂农业、爱农民、爱农村"的"三农"电力服务队伍。

（2）"十八武艺"，干精彩，增强高水平电力服务质效。公司深入践行奋楫"本质先进"要求，以"红雁青马"为着力点，通过"三会两书一场"（日晨会、安全质量分析会、"案例剖析"会、平安家书、"安全口袋书""党建＋安全教育进现场"）的形式，营造线上线下多维度的安全氛围，从思想和行为上铸牢安全防线。党员带头，开展党员身边无事故"三带三有"活动，确保现场作业安全高效开展。健全设备主人制，明确职责分工，利用一线一策、一变一策建档跟踪线路设备情况，做到缺陷故障一目了然、一眼辨清。对发现的安全隐患及时建立台账，制定"点对点"消除方案，做巡线"千里眼"。开展党员服务队主动上门对用户设备定期进行检查和检修服务，建立三级微信群，确保信息畅通。积极构建24小时热线快响快修机制，实现供电抢修复电"快准稳"，做抢修"旋风腿"。

（3）"十八武艺"，送光暖，提升高标准电力服务水平。紧扣全国最大蛋鸭生产基地发展定位，开展全电养殖一站式服务，助力小鸭蛋变大产业，打响尉氏鸭蛋地域招牌。设立党员责任区和示范岗，采取"统筹兼顾、重点包保"的办法，因地制宜开展鸭棚保温、灌溉保电、水产保氧，全天候提供用电咨询、电力抢修、智慧用能等延伸服务，积极解决用电烦心事。紧密对接产业增容扩产需求，主动靠前服务，将电网建设与乡村整体规划同频共振，因地制宜打造安全可靠、技术先进的配电网，为助力美丽乡村建设、农村产业发展提供坚强可靠的电力保障。搭建"十八里哥讲安全"核心团队，采用"便利化、透明化、标准化、规范化"服务模式，及时解决农户用电难题，并通过电话随访、定期走访等方式，持续为用户提供坚强的电力保障。基于辖区内老人多的实情，公司以服务"老有所依、老有所学、老有所为"为目标，为特殊困难老人建档帮扶，提供老旧

■ 党员服务队主动上门对用户设备定期进行检查和检修服务

■ 党员服务队队员为留守老人更换照明设施

线路设备、电器维修、"70 免跑"等服务，助力老人畅享电能。

3. 建立评估机制，检验文化质效

（1）**建立完善评估机制**。将群众满意作为评估关键环节，公司运用统计学等理论，结合乡村用户特点，提出以村为测评单元，以"满意度、认同度"为测评维度的乡村振兴满意度评估机制，总结提炼服务乡村振兴关键行为，形成具体评估机制。

（2）**广泛收集数据分析测评**。公司通过深入乡村调研，采用问卷调查、用户满意度调研、用户服务意见征集等多种形式，大范围、多层次收集相关数据，集合评估机制，对文化样本质效进行分析。

三、实施成效

（1）**打造"仁智勇"服务队伍**。传承了"尉氏三贤"文化，将贤德内化为争先创优的精神动力，在供电服务中尽展"十八武艺"，在乡村振兴中勇当先、在提质增效中敢创先。以"贤仁、贤智、贤勇"为内涵，构建了"仁智勇"党建服务图鉴，创新了"十八相送"电力服务法，打造了"仁智勇"服务队伍。落实"主动运维"、坚持服务"快人一步"理念，故障工单和非抢类工单接派单及时率均达到100%，回访满意度达到99%以上，尉氏县供电公司2022年全年实现95588、12398平台零投诉。

（2）**提升"获得电力"服务水平**。当好"先行官"，架起"连心桥"。积极践行"你用心、我用心"的服务理念，

■ 着力打造"仁智勇"服务队伍

把"我为群众办实事"作为落脚点,以"人民满意不满意"作为衡量标准,不断深化服务内涵,畅通为民服务"最后一公里",提升用电"获得感"。尉氏县供电公司营商环境"获得电力"指标全省排名第 27 名,进入全省第一梯队。

(3)绘就乡村振兴美丽画卷。乡村振兴,电力先行。始终牢记"人民电业为人民"的企业宗旨,大力促进了乡村电力设施补强和保供服务提升,支持了农村地区清洁低碳发展,助力了特色产业提档升级,打造了公司服务乡村振兴战略的电网样本。公司配网工程获得省公司 2022 年配电网建设综合管理流动红旗,两项工程荣获省公司"配电网百佳工程"荣誉称号。在甄家村建成"电力爱心超市",用小积分激发乡村振兴大能量。尉氏县供电公司获得尉氏县乡村振兴劳模出彩先进单位。

四、分析与思考

通过"十八武艺·贤德送暖"电力服务法,打造了"仁智勇"服务队伍,进一步建成"全能人才、全能质效、全能服务"的全能供电所和助"三农"的新时代文明实践站,为乡村振兴和农业现代化赋能。

下一步,国网开封供电公司将发挥焦裕禄精神发源地和"尉氏三贤"文化底蕴优势,大力发扬焦裕禄精神,以"贤仁、贤智、贤勇"为要求,对标对表基层党支部"三零三有三示范"建设目标,以打造十八里中心供电所企业文化示范点暨新时代文明实践站为着力点,持续深化"十八武艺·贤德送暖"电力服务法,擦亮"田园十八里"文化样本,为促进乡村振兴提供强引擎、硬支撑,为绘就乡村振兴美丽画卷蓄势赋能。

项目完成人:郭 蕴 陈晶晶 高二云 牛卫丽 李 垒

深入实施"文化+"行动
不断推动企业文化建设落实落地

国网三门峡供电公司

一、实施背景

企业文化建设是企业长远发展的"指路标"和"发动机",是把整个企业凝聚到一起的"向心力、定海针"。为进一步推进建设具有中国特色国际领先的能源互联网企业战略目标在公司系统落地厚植,充分发挥文化凝聚作用,以文化人,将公司战略目标转化为广大员工的统一意志、奋斗目标和行动自觉,省公司制发了《落实〈国家电网有限公司"文化铸魂、文化赋能、文化融入"专项行动计划〉实施方案》,进一步强化广大职工对国家电网有限公司企业文化内涵的认知和理解,激发干事创业的积极性和创造力。国网三门峡供电公司对内推动文化内化于心、外化于行,对外强化文化交流,促进价值认同、情感认同,营造和谐发展环境,不断提升公司文化软实力、核心竞争力。

二、实施内容

(一)工作思路

国网三门峡供电公司坚持战略引领、文化驱动的原则,多次召开企业文化重点项目工作讨论会，组建企业文化重点项目领导小组，分析工作思路，拟定了"深入实施'文化＋'行动　不断推动企业文化建设落实落地"项目实施方案。以实施"文化＋铸魂、文化＋赋能、文化＋融入"行动，打造思想理论、文化创新、精神力量三条路径，展现红色血脉守护传承、企业文化引领驱动、人文精神标识鲜明的新气象，开启加速迈向高质量发展的新征程。

（二）具体措施

1."文化＋铸魂"，引领红色血脉赓续

（1）**创新理论学习方式**。始终以习近平新时代中国特色社会主义思想为指导，深入学习贯彻党的二十大精神，制定《认真学习宣传贯彻党的二十大精神实施方案》，细化4大类26项重点任务，逐一明确责任部门和完成时限，确保学习宣贯工作领导人员、党员干部、普通党员、职工群众"四个全覆盖"。为基层党组织配发《国家电网有限公司企业文化建设工作指引（2022）》，推动国家电网有限公司战略目标进基层、进班组、进站所。通过党委会"第一议题"、理论学习中心组、专题辅导和读书班等形式，深入学习《国家电网有限公司发展战略纲要》，将公司战略转化为全体干部员工的情感认同和自觉行动，凝聚推动企业全面发展的内生动力。

（2）**利用地区红色资源，打造一条红色教育路线**。将党的二十大精神学习"课堂"开到红色教育基地，组织基层党组织深入开展沉浸式教育活动，引导干部职工传承红色基因，坚定不移走好新时代的长征路。以"传承红色精神·汲取奋进力量"为主题，组织青年员工走进河南振宇红色文化教育基地，开展实景团课，追忆光辉历史，接受红色熏陶，激励公司青年勇担重任、绽放风采。打造公司四楼红色文化阵地，依托当地红色资源、公司发展历程、名人事迹，将红色文化与行业特色、时代精神相融合，形成特色文化。

■ 学习贯彻党的二十大精神专题辅导报告会

（3）**发挥党建价值创造，深化融入融合**。结合国网三门峡供电公司电网建设计划，成立"东部电网加强工程"临时党支部，推动党建工作与电网建设双促进、双提升。制定"党建＋安全生产"工程实施方案，明确 3 大类 9 项工作举措，成立 5 支党员纠察队深入开展安全隐患排查，切实发挥党员反违章职能，该项目获省公司优秀成果奖。深化"党员责任区""党员示范岗"创建，持续拓展量化积分、星级评定等管理手段，擦亮党建融合赋能品牌。

2. "文化＋赋能"，引领担当作为展示

（1）**赋能综合素质提升**。制定"旗帜领航"党建工程实施意见，明确 21 项重点任务，下发年度基层党建工作要点，发挥党建工作领导小组组织协调职能，定期召开党组织书记工作例会，研究部署党建重点任务。滚动修订党建绩效考评细则，常态化组织检查组对 36 个基层党组织开展"全覆盖"党建绩效考评，引导基层党组织持续补短板、强弱项、提质量。创新开展"党建知识划重点"活动，以"微讲堂"的形式，围绕党建

基础知识、党建制度规范进行专题宣讲，培养党建工作的行家里手。

（2）**赋能创新意识培育**。落实《国家电网有限公司企业文化建设工作指引（2022）》，成立专编小组，结合系统内外典型案例，编制完成《电亮天鹅城——国网三门峡供电公司服务三门峡市经济社会发展履责行动报告》，全面展示公司服务三门峡经济社会发展的重大行动、关键成效。以青创空间为载体，组建"党员+青年"的科创虚拟团队，建立师带徒培养机制，鼓励公司青年积极参与科技创新、群众创新和QC活动，为公司储备青年骨干人才库。

（3）**赋能服务质量提高，着力在乡村振兴上赶超先行，争当示范尖兵**。坚持把光伏扶贫作为公司扶贫的重要抓手，为贫困群众提供稳定可持续的经济收益保障。举办"农民不容易、帮帮亲兄弟"爱心助农活动，2022年累计帮助群众销售南瓜5万余斤，增收3万余元，有效解决了群众"急难愁盼"问题。顺利完成"电力爱心超市"建设工作，为村里45

■ 赋能乡村电力爱心超市建设

户 167 名群众奖励积分 5000 余分。结合卢氏县定点帮扶村南峪沟村地域特点与村情特色，制定长期（3 年）及年度产业发展规划，进一步激发群众内在活力，引导种植药材、蔬菜、食用菌等，不断增加群众收入。

3. "文化＋融入"，引领营造和谐氛围

（1）**创新文体活动**。以赛促学，积极向市总工会争取竞赛项目，公司员工参加全市职工法律知识竞赛获一等奖、财务知识竞赛获二等奖，公司文创作品获得国家电网有限公司首届职工文创大赛实物类铜奖。丰富职工书屋书籍，全年图书更新率达 12%，流动书箱实现班组（站所）和基建工地全覆盖。充分发挥职工文体活动中心、职工书屋等阵地作用，发挥14 个文体协会的组织优势，唱好文体活动"四季歌"，2022 年组织开展各类文体活动 25 次，切实增强公司员工的凝聚力。

（2）**开展先进典型选树**。创新开展企业文化示范点建设，变电运维三班以"扎根、铸魂、守本"为目标，以文化融入班组建设，被评为省公司企业文化示范点。顺利完成公司"两优一先"评选表彰，共表彰先进基层党组织 15 个、优秀共产党员 40 名、优秀党务工作者 30 名。开展"两红两优"评选活动，宣传选树青年榜样，在大厅展板刊登先进事迹，引导青年职工把学习成果转化为助力公司和电网高质量发展的青春动力。

（3）**实施主题文化实践**。深入开展文明创建活动，持续推进"文明交通""城市清洁"专项行动，圆满完成全国文明单位复检验收。印发2022 年度统战工作要点，引导统战成员贡献才智、发挥作用。配合做好省人大代表换届推选工作，引导干部员工积极履行民主权利。落实青年精神素养提升工作要求，深入实施青马工程"四个一"系列活动，成功举办"喜迎二十大、永远跟党走、奋进新征程"主题演讲比赛，激发团青工作活力。

■ 公司召开 2022 年度精神文明建设工作会议

三、实施成效

（1）**思想引领进一步提升**。通过创新理论学习方式、区域红色教育路线的落地实践，将党的二十大精神、公司战略目标与岗位工作相结合，员工思想文化基础进一步夯实，理想信念根基更加稳固。

（2）**企业文化特色实践更加丰富**。通过开展"三会一课"、主题党日、企业文化示范点建设等，企业职工文化活动进一步丰富，党员示范引领作用进一步加强，营造了企业文化与工作实践相融共促的局面，有力推动了企业文化建设走深走实。

（3）**和谐氛围日益浓厚**。通过多层次志愿服务、先进选树和红色教育实践等活动，增进了员工间的沟通和交流，进一步加深了员工对公司战略目标和价值理念的理解和认同，构建了和谐共进的良好氛围。

四、分析与思考

（1）**加强领导、强化责任**。运用好习近平新时代中国特色社会主义思想这个"金钥匙"，落实公司思想文化建设工作要求，研究制定专项方案，明确细化落实措施，层层压实责任，促使企业文化重点项目与各项业务工作相融并进。

（2）**创新载体、精准落地**。结合班组青年人才多，受众面广的特点，创新工作方法，进一步找准突破口和着力点，推动思想文化建设工作进基层、进班组、进站所，激发广大职工的干事创业热情。

（3）**精心提炼、长效推广**。注重总结提升，建设项目成果精品库和最佳实践案例库，强化企业文化项目化建设的激励作用，激发基层创作热情，早动手、早实践，推出一批基础性、牵引性的案例成果，为战略目标落地提供实践经验。

项目完成人：余晓鹏　秦复兴　马翔飞　姜　磊　张海峰

"五维驱动""文化+"汇聚青能量

国网漯河供电公司

一、实施背景

2022 年是中国共产主义青年团成立 100 周年。青年员工作为保障公司事业不断发展的后备力量和生力军，具备较高的素质基础——敢于尝试、不惧挫折、学习力强、应对新事物速度快，能够为企业带来无限生机和活力。同时年轻一代的思想行为容易受到外部因素的影响，形成思想波动，影响岗位工作。目前，公司青年文化工作缺乏与企业实际管理的有效融合，工作思路较为传统，无法形成较好的工作效果。国网漯河供电公司深入分析青年群体特性，大力弘扬党内政治文化，探索传承优秀传统文化，强化青年思想政治引领，助力青年成长成才，不断激发团员青年干事创业的热情活力，坚持推进文化铸魂、文化赋能、文化融入，持续提升文化软实力，在建设具有中国特色国际领先的能源互联网企业新征程上充分发挥青年员工生力军和突击队作用。

二、实施内容

（一）工作思路

以习近平新时代中国特色社会主义思想为指导，聚焦新时代公司发展战略，巩固拓展党史学习教育成果，坚持党建引领，以党内政治文化为统领，打造"五维驱动"的"文化+"工作模型，以先进理念引领、以德育修身立业、以文化激发动力、以典型感染群体、以共建凝聚人心，发挥文化导向、激励、凝聚、辐射和约束五大作用，通过以文感人、以文化人，不断提高员工文化认知度、理念认同度，通过强化作风建设、传递文化力量、建强青年队伍，打造一支情系客户、坚忍不拔、不屈不挠、力争上

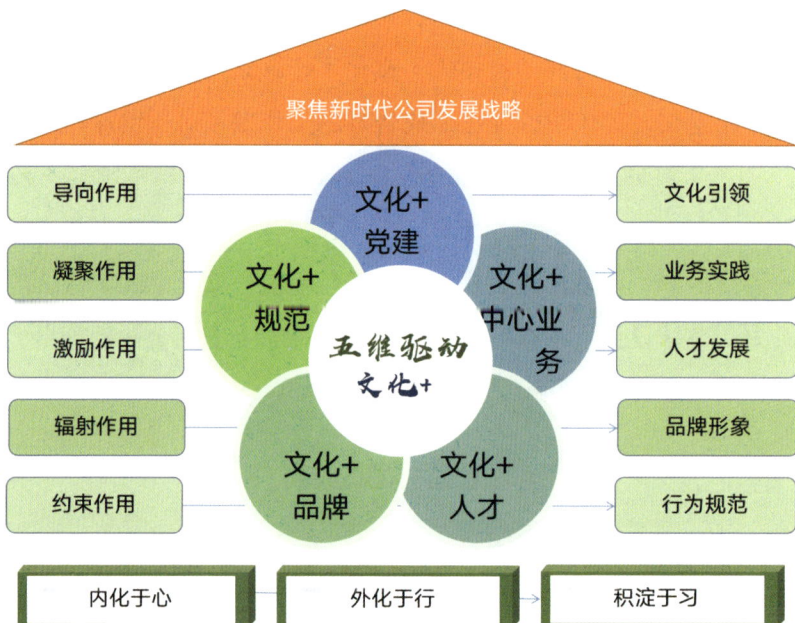

■ "五维驱动"的"文化+"工作模型

游、无私奉献的"青年团队"，树立担当作为的鲜明导向，推进新时代公司企业文化在国网漯河供电公司落地生根，为建设具有中国特色国际领先的能源互联网企业建设汇聚磅礴力量。

（二）具体措施

1."文化＋党建"根植百年信仰，发挥文化导向作用

深入贯彻新时代党的建设总要求，以坚定理想信念宗旨为根基，以"强落实、抓关键、亮行动、重渗透"12字方针为指导开展工作，提升思想引领力。

（1）**"共筑百年梦·电靓沙澧红"，党史百年续传统**。以弘扬电力人的优秀传统精神为主线，完成"四个一"活动，即：开好"1"次团的"三会一课"，开展"1"次红色主题党日，做好"1"次线上学习，参加"1"次党史测试，进一步激励公司广大青年员工担当作为，全面提高与本职工作相匹配的政治能力、专业水平、斗争本领。

（2）**"红色基因传承行动"，党团联动谋新篇**。依托"建功新时代 喜迎二十大"迎"七一"红色教育实践活动和"青春心向党·建功新时代"中国共产主义青年团成立100周年系列活动，开展"1+1>2"工程，共计开展党课宣讲12次，编制《最美漯电青年风采录》，收录人物事迹

■ 公司团委组织收看习近平总书记在庆祝中国共产主义青年团成立100周年大会上的讲话

■ 公司团委开展"喜迎二十大 永远跟党走 奋进新征程"演讲比赛

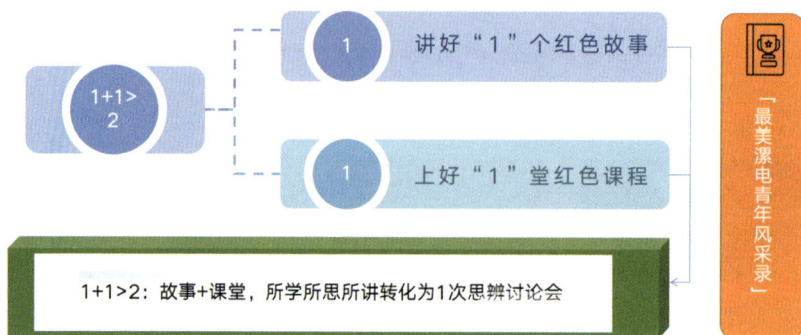

■ 红色基因传承行动之"1+1>2"工程

20篇，引导青年进一步坚定拼搏奋斗、岗位建功的决心与信心。

2."文化＋中心业务"青春建功，发挥文化凝聚作用

深入实施"共青团＋"工程，聚焦电网建设、安全生产、优质服务等重点领域，引导团员青年深耕一线、勇挑重担，充分发挥生力军和突击队作用，勠力攻坚助力公司改革发展。

（1）开展"精彩漯电建功行动"，做强公司中心工作。组建各类兴趣小组、柔性团队，聚焦新型电力系统、能源互联网等电力行业前沿课题，邀请公司内外部20余名专家进行技术辅导和创新培训，为青年创新提供智力支持。1项经验入选国家电网有限公司典型经验，2项QC成果获省质协二等奖，3项QC成果获省公司三等奖，1项大数据挖掘项目获省公司三等奖，在国家级期刊发表论文20余篇。

（2）开展"魅力漯河我添彩行动"，擦亮公司品牌形象。以服务品牌建设为核心，打造"一快一减一站通"服务模式，将服务品牌对外扩展延伸，打造电力优质名片，打造一支青年职工服务团队。全市有8700多户企业享受到电价政策红利，减免电费约4042.75万元。疫情期间，全市纳税额500万元以上的91家工业企业、102家"十百千"亿级重点企业顺利复工复产。

3. "文化 + 人才"锻造青年先锋，发挥文化激励作用

深入研究青年特点和成长发展规律，树立"人人皆可成才、人人皆要成才"的人才发展观，把青年员工成长成才作为"人才强企"战略的重要内容。

（1）开展"青年发展促进行动"，搭建平台精准培养青年人才。组织开展公司"青马工程"培训，选拔培养 25 名青年组建"青年讲师团"，授课累计超过 12 次。深化岗位练兵、技能比武、导师带徒等活动，以"娓娓萤光·点亮青春"为主题，实施"萤火虫"特色团建工程，开设"安全、服务、专业、兴趣"四类专题课，着力提升青年员工的综合能力和素质。

（2）开展"青年队伍全周期规划"，设计路径提升青年成才加速度。以 10 年为培养周期，遵循"统一规划、分期实施、跟踪培养、综合评价"原则，设计丰羽：基础培养通道（3 年以内），展翅：能力提升通道（4—

■ 公司青年讲师团走进商桥镇第二中心小学

6 年），头雁：精英发展通道（7—10 年）三个晋级阶段，为青年员工成长成才搭建平台，增强青年员工成长成才内动力。

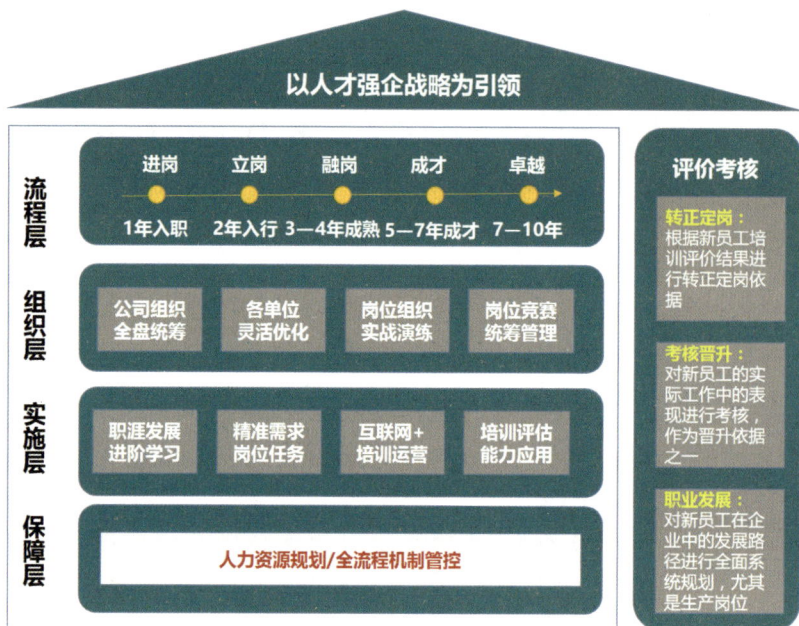

以人才强企战略为引领

流程层	进岗	立岗	融岗	成才	卓越		评价考核
	1年入职	2年入行	3—4年成熟	5—7年成才	7—10年		**转正定岗：** 根据新员工培训评价结果进行转正定岗依据
组织层	公司组织全盘统筹	各单位灵活优化	岗位组织实战演练	岗位竞赛统筹管理			**考核晋升：** 对新员工的实际工作中的表现进行考核，作为晋升依据之一
实施层	职涯发展进阶学习	精准需求岗位任务	互联网+培训运营	培训评估能力应用			**职业发展：** 对新员工在企业中的发展路径进行全面系统规划，尤其是生产岗位
保障层	**人力资源规划/全流程机制管控**						

■ 青年员工 10 年成长路径

4. "文化＋品牌"展现青年队伍新面貌，发挥文化辐射作用

精心打造青年志愿者品牌，引导全体青年员工为践行社会主义核心价值观作出表率，为广大员工的价值行为作出榜样，努力成为公司践行社会主义核心价值观的样本、标杆，成为良好社会风尚的倡导者、传播者、促进者。

（1）开展"品牌形象塑造行动"，提升社会影响力。以国家电网有限公司"青春光明行"为统领，打造"沙澧彩虹"特色志愿服务品牌，开展"六走进"志愿服务行动，帮助漯河老窝镇古同村 15 户贫困户和 187 名留守儿童圆梦微心愿。全力配合漯河市"全国文明城市"年度测评，发布

■ 公司"沙澧彩虹"青年志愿服务队走进古同小学

《创文知识知多少，一起来 get!》3 期，共出动青年志愿者 400 余人次，公司志愿服务活动被《人民日报》等主流媒体宣传报道 3 次。

（2）开展"文化宣传我共建"，提升青年责任感。梳理公司现有企业文化线上和线下传播方式，结合公司微信公众号、LED 显示屏、短视频、微电影等传播方式，培养全体员工随手记、随时拍的文化现象记录、制作能力，充分发挥员工践行文化、传播文化的作用，从而建设一个与新时代传播习惯相符合的线上文化传播和落地平台。

5."文化 + 规范"加强行为管理，发挥文化约束作用

贯通文化建设的"理念—制度行为—物质"三层面，实现员工卓越行为模式养成，提升责任央企品牌形象，助力公司跨越发展。

（1）开展"精彩漯电我共管"，提升企业管理参与度。创建"微学习、微分享、微管理、微点赞、微传播、微关爱"的"六微"思想工作阵地，整合官方微信、官方微博、主页专栏等资源，打造功能多样、利用率高的

■ 公司举办"青年大讲堂"暨新员工入职礼

网络平台，对公司文化工作的最新动向、活动、典型人事信息进行多渠道宣传。

（2）开展"卓越行为规范建设"，实现知行合一。结合各专业工作实际，深入推进标准体系建设，确保各层级、各业务领域在同一标准、同一流程、同一平台上的统一规范运作。细化编制《安全生产行为规范》，编辑印刷成口袋书，把价值理念、安全准则变为有形的、具体的、可操作的安全行为规范，推进卓越文化在内化外显为员工行为习惯，养成卓越行为模式。

三、实施成效

（1）激活了青年队伍内生动力，凝聚发展力量。通过打造学习、生活、团队文化宣教载体，打造全周期发展路径和高精准的赋能体系，帮助青年准确地理清职业发展思路，提升青年员工责任感和使命感，凝聚了公司青年力量。

（2）**提升了工作质效，促进党建与业务深度融合**。通过党建带团建、党员联动、党课联上等形式，以点带线、由线及面，实现职能部门与基层部门之间思想互动、业务互促、实践同向、业绩同进的良好局面。调控中心党支部获"漯河市先进基层党组织"荣誉称号，通信 QC 小组荣获"全国优秀质量管理小组"称号，地区调度班荣获"国家级青年安全生产示范岗"。

（3）**提高了服务水平，切实为民服务**。青年员工将思想武装转化为行动自觉，在工作中、生活中践行"人民电业为人民"的企业宗旨，深入推进"我为群众办实事"项目实施，带头展示供电公司服务形象，公司品牌影响力和满意度持续提升，获得电力评价排名全省第三。

四、分析与思考

下一步，国网漯河供电公司将持续加强青年员工的培养，发挥"青马工程"作用优势，扎实开展青年"护苗、育苗、墩苗"三项行动和"三有三赛""揭榜挂帅"等主题实践活动，为青年搭建更多的展台、创造更好的平台，把青年推向更大的舞台，引导公司广大团员青年勇挑重担，拿出"初生牛犊不怕虎"的锐气，在电网建设、优质服务、电力保供等重点任务中善于思考、敢于创新、勇于争先，充分发挥自身的聪明才智，在青创比赛、管理创新、QC 竞赛中大展身手，为公司的发展注入"源头活水"。

项目完成人：黄　敏　陈国栋　赵校贤　安永星

打造"三大体系"
推动文化宣贯传播与落地实践

国网鹤壁供电公司

一、实施背景

国网鹤壁供电公司坚持党建引领，聚焦中心工作，聚力文化赋能，确定了"1331"工作思路，深入实施"旗帜领航"党建工程，扎实推进党建与业务"双向融入"，以党建引领企业文化建设，融合专业特色，深化价值创造，推动企业文化落地深植。公司结合年度工作安排，打造管理、传播、考核"三大体系"，助力企业文化宣贯传播与落地实践，为公司高质量发展凝聚强大精神动力。

二、实施内容

（一）工作思路

国网鹤壁供电公司打造标准化的管理体系，制定宣传文化阵地管理办法，实施"统一管理、统一编号、统一审批、统一归档"，加强公司宣传文化阵地管理。一是编制市县协同工作方案，以"部署同步、标准同贯、优势互补、整体提升"为目标，实现市县党建工作同频共振，同向聚合，同步发力。二是打造立体化的传播体系，建立新闻宣传工作室、新媒体录播室，"十文化廊"等立体多样的宣传阵地，力促企业文化入脑入心，为企业发展注入新动能。三是打造实用化的考核体系，制定党建工作绩效考核评价办法，以促进企业发展为目标，检验基层党组织工作效果，激励基层党

■《国网鹤壁供电公司宣传文化阵地管理办法》等制度

组织持续提升工作绩效，助力企业文化宣贯传播与落地实践。

（二）具体措施

1. 打造标准化的管理体系，实现文化宣传有力管控

（1）**行治修制，指导约束并举**。针对公司公共区域内设置、发布、摆放的宣传文化载体，积极探索统一管理的制度标准运作机制，编制《国网鹤壁供电公司宣传文化阵地管理办法》，创新实施"宣传阵地主人制"

■ 国网鹤壁供电公司宣传阵地

管控模式，分级分类划分公司公共、专业、基层党组织三大类宣传阵地，分类依次实行"统一管理、统一编号、统一审批、统一归档""专业管理、规范使用"和"统一设计、自行管理、规范使用、集中备案"的原则。建立使用审批和备案制度，明确责任归

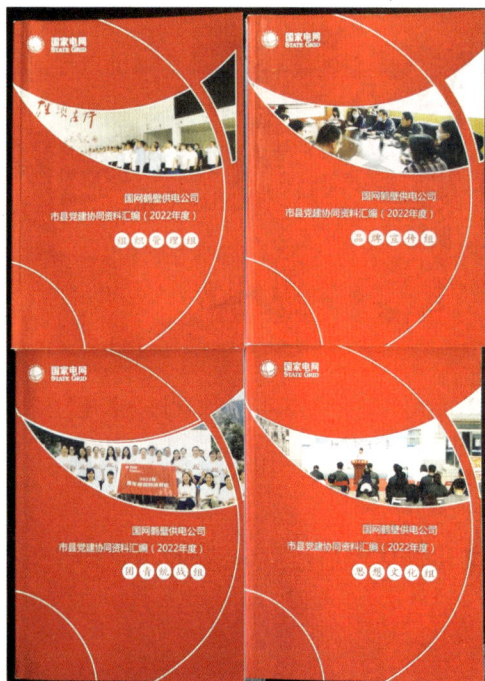

■ 国网鹤壁供电公司 2022 年度市县协同资料汇编

属，固化使用单位、管理单位、分管领导的审批流程，统一建档编号，首次将公司 180 个宣传屏、栏、板、端纳入常态规范管控。

（2）依托市县，开展创新协作。集中市县公司专职党务工作队伍资源，根据人员专业专长，跨区组建专业管理柔性团队，充分发挥市县公司各专职党务人员专长优势，加强对各专项党建业务的研究，做到集中资源、优势互补。组建组织管理、思想文化、品牌宣传、团青统战四个专业组，由市公司党建部负责人、县公司及产业单位党委书记担任专业组组长，分管领导任副组长，相关专业人员为成员，明确市县公司同质化集约任务清单51 项，规范新闻宣传、思想动态分析等工作流程 18 个，完成主题传播策划、青年素养提升等协同任务 176 项，推动市县党建工作部署同步、标准同贯、优势互补、整体提升。

2. 打造立体化的传播体系，确保管理运行质效提升

（1）建强硬基础，为企业发展注入新动能。建成新闻宣传工作室，制定年度任务一览表、2022 年度宣传任务进度表、通讯员培训计划，指导公司全年新闻宣传工作；设置宣传工作排名展板，组织基层党组织开展月度宣传工作排名，增加各单位新闻宣传工作动力；利用 8 块液晶宣传大屏展出新闻采访管理规定、舆情工作预案、舆情处置流程等规范规定，加强新闻采访、舆情应对学习，成功处置央视农业农村频道到浚县采访灾后重建舆情，获得省公司领导的高度批示肯定。建成新媒体录播室，分专业、分专题、分受众录制"专家讲堂"等系列短视频15集，在公司多媒体宣传阵地循环展播，营造公司尊重人才、崇尚技能、积极向上的浓厚氛围。建成"十文化廊"固定阵地，及时更换基层党组织党员活动室宣传栏，每季度更换一次宣传展板，年度更新公司文化长廊，打造公司道德讲堂、星光大道、文化长廊、电视展播阵地等"十分钟宣传文化圈"。

■ 国网鹤壁供电公司建成新媒体录播室、新闻宣传工作室

（2）**提升软实力，营造文化氛围**。建立"主流媒体记者＋骨干通讯员"双周宣传策划机制，市级及以上媒体发稿400余篇。创新传播方式，策划开展"十大事件"云端发布会，35万余人观看点赞。举办"喜迎二十大 永远跟党走 奋进新征程"青年文化成果线上发布，19万人观看点赞。深化省级文明单位创建，注重创建工作与公司中心工作融入融合，强化全员、全面、全程创建，建立"党建＋文明创建"工作机制，开展"赶考路上有我"主题宣传教育实践活动，30个基层党组织报送6类作品共84件，受到文明单位现场考评组高度肯定。实施市县供电公司党团工作协同，创新编制《党建标准化工作指南》，设立"两清单一看板"公示栏，健全党员示范岗、党员责任区、党员服务队管控评价体系，推动基层党组织"三亮三比"。

3. 打造实用化的考核体系，实现评价结果有效运用

（1）**制定考核标准，实施党建工作绩效评价**。落实新时代党的建设总要求和新时代党的组织路线，以促进企业发展为目标，制定《国网鹤壁供电公司党建工作绩效考核评价办法（试行）》，明确职责分工和考核评价内容，设置基层党建工作、领导人员队伍建设、党风廉政建设 3 项一级考核评价指标，33 项二级考核评价指标，2 项减分指标，充分发挥考核评价"指挥棒"作用，科学评价各单位党组织强党建、带队伍、促发展成效，激励基层党组织持续提升工作绩效，助力企业文化宣贯传播与落地实践。公司党建工作绩效考核评价指标根据国家电网有限公司党组和国网河南省电力公司党委工作要求、公司党委工作安排，动态调整。

（2）**强化组织实施，考核评价结果有效运用**。公司党建工作绩效考核评价坚持年度考核评价和月度考核评价相结合的方式进行，年度考核评价每年年底进行，月度考核评价根据月度考核评价指标完成的质量、效率和效果，每月作出评价。考评评分计算方法是年度考核评价占 80%，月度考核评价占 20%，各专业最终评分得出后，分别按照 10% 的权重纳入年度综合考核得分。评价结果提交年度考评工作领导小组办公室，由年度考评工作领导小组办公室会同业绩考核指标评分一并提交公司党委审定。将评价情况纳入党组织书记抓基层党建工作述职评议考核，形成综合评价意见统一反馈至各基层党组织。

三、实施成效

（1）**党建专业"智囊团"作用突显**。建立市县党团工作协同机制，整合市县公司、产业单位党建部门、专职党组织书记资源优势，明确市县公司同质化集约任务清单 51 项，建立"周、月、季"会商督导机制，规范"区岗队员"、新闻宣传、思想动态分析等工作流程 18 个，完成中心

组学习、主题传播策划、青年素养提升等协同任务 176 项，推动市县党建工作部署同步、标准同贯、优势互补、整体提升。

（2）融入融合"新模式"引领示范。拓展党支部标准化建设内容，创新编制《公司党建标准化行动指南》《"三会一课"工作指引手册》、"两清单一看板"（重点任务清单、支委履责清单、党建绩效看板）公示栏，推动基层 63 个党组织"三亮三比"，亮旗争"星"。打造"三维一体"（月度阶段评价＋年度综合考核＋组织书记述职评议）党建绩效考核新模式，有效推动党建责任落细落实，激发基层党组织工作活力。

（3）新时代青年"新势力"有效发挥。落实省公司青年素养提升工程和"青马工程"等工作要求，依托青年星火工作室，制定了国网鹤壁供电公司青年成长成才"星火"计划，党建部、组织部、工会办、互联网部四个部门协同联动，围绕岗位建功、人才培养、劳动竞赛、科技攻关等制定落实方案，初步形成"1+5"青年培养工作体系。公司团委被授予河南省"五四红旗团委"和省公司"五四红旗团委"荣誉称号。

四、分析与思考

国网鹤壁供电公司重点项目的经验在于突出特色，结合实际、因地制宜、注重特色，把企业文化融入公司具体工作实践，契合职工的需求，营造浓厚的氛围，最大限度吸引职工、教育职工、凝聚职工，促使公司职工朝着更高的目标迈进；在于用心体验，把文化建设与活动载体结合起来，与职工思想贯通起来，让职工主动参与、用心用情去感知、体验和浸染，最大限度获取职工的情感认同、责任认同、价值认同，形成良好的传播效应，切实将优秀文化植入职工心中，落实在具体行动上；在于融入融合，把企业文化建设与安全生产、精益管理、提质增效等中心工作相融并进，做到同向发力，让企业文化拥有旺盛的生命力、坚实的向心力、强劲的驱动力，从而带动各项工作开展，服务企业高质量发展。今后，国网鹤壁供电公司将持续探索方式方法，不断提高文化建设水平，为公司战略在基层班组落地见效提供保证。

项目完成人：程　旭　王海港　黄思芳　李保军

孙　颖　桑　萍

以企业文化为统领
"四维联动"加快青年员工成长

国网河南超高压公司

一、实施背景

随着"双碳"目标的提出，提供清洁低碳、安全高效的电力保障，加快推动构建新型电力系统，已经是赶考新路上的一项重要而紧迫的战略任务。战略落地，人才先行。国网河南超高压公司以企业文化为统领，认真贯彻落实国家电网有限公司、省公司关于人才培养各项工作要求，紧盯青年员工队伍这一支企业创新驱动、改革发展的生力军和排头兵，联动"创新培养机制、夯实基础质量、激发成长活力、提升竞争实力"四个方面举措，积极适应新形势新任务新要求，加快青年员工成长步伐，以源源不断的人才"第一资源"服务"双碳"目标实现，为守护主网安全贡献"超高压力量"。

二、实施内容

人才培养、队伍建设是企业发展的第一资源，不能光喊口号，行动跟不上。只有明晰当前的处境，三思而后行才能全面查漏补缺，针对性解决问题，确保行动迅速有力有效、走深走实。

（一）工作思路

新思路、新举措方有新突破，创新的工作思路能够提升工作效率和质量。面对新形势，公司以"努力超越　追求卓越"的企业精神积极践行"三细三实"的工作作风，不断强化"八种能力"建设，充分发挥公司各平台、资源的优势，构建以青年员工队伍为主体，以创新培养机制、夯实基础质量、激发成长活力、提升竞争实力等为重点的"四维联动"培养模式，推动"选、育、用、留、酬"良性循环，引导青年员工工作思维和方式转型升级，提高工作效率和创新效能，不断强化人才储备，打造一支有理想、精技能、懂管理、能创新的优秀青年员工队伍。

（二）具体措施

立足公司战略规划、经营决策、专业发展、岗位需求、素质要求等方面，围绕四个重点维度，对入职 5 年内的青年员工采取"纵向贯穿""横向闭环"一体化的培养模式。

1. 用好青年员工培养"指挥棒"

（1）**坚持顶层设计形成合力**。公司党委统一领导，组织部牵头抓总，专业部门制定阶段性成长目标，党建部选树宣传典型，用人部门落实主

■ 开设"初心电台""检修菁享会""青年论坛"，激发青年员工学习热情

责等，形成上下联动、齐抓共管、密切配合的青年员工培养工作格局。

（2）强化党建引领强根铸魂。围绕青年员工党史学习教育，创设"初心电台"，举办"检修菁享会"，组织"青春论坛"，强化劳模工匠精神引导，激发青年员工学习技术、苦练本领、争创一流的热情。

■ 为青年员工配备技能导师

（3）实施岗位胜任能力培养。为青年员工配备"技能导师"和"职业导师"，签订师带徒合同，持续关注、指导和督促其提升岗位履职能力，促其尽快胜任专业岗位工作。

2. 搭好青年员工培养"大平台"

（1）搭建工作历练平台。编制青年员工参与重点工程、重大项目工作计划，通过"定目标、压担子、交任务"的方式，使青年员工在实践历练中快速积累技能，增强工作底气和自信，尽快成为独当一面的专业人才。

■ 开展各类活动为青年员工搭建创新创效平台

（2）搭建创新创效平台。以"实际实用、创效创优"为导向，大力支持科技项目开发、群创赛、青创赛、QC活动和"五小"活动，引领青年员工聚焦并进一步掌握智能电网及物联网等新技术应用，结合生产难点热点问题开展技术攻关和发明创造。

（3）**搭建交流成长平台。**
联合经研院、电科院、电建公
司开展新入职员工现场实习交
流，开阔思路、视野和认识，
强化电网业务双向赋能，不断
充实丰富青年员工培养维度和
工作视野。

■ 搭建交流成长平台，丰富青年员工培养维度

3. 配好青年员工培养"助推器"

（1）**"学习地图"助推加速转变。**基于岗位职责构建涵盖岗位工作所需知识、技能，制度、规程和标准，以及应遵守的"红线、底线"等在内的岗位"学习地图"，帮助青年员工快速掌握岗位应知应会知识和技能，加速基础知识量的累积。

（2）**"精品培训"助推有效蜕变。**精心策划"金种子""运检菁英"等培训项目，针对公司青年员工通用职业素质与专业必备能力，开发综合类、专业类课程包，形成独有的优质教学资源，注重培训个体效果反馈，推动青工群体有效蜕变。

（3）**"评价激励"助推实现质变。**开展青年员工定期总结答辩，不断进行现状评估和差距分析，积极制订个性化培养计划，加强培训评估结果、竞赛成绩、创新成果评价结果与当期绩效评价挂钩，表彰先进、帮扶落后，推动个人成长质变。

4. 铺好青年员工培养"新道路"

（1）**加强青年内训师培养使用。**高度重视内训师队伍的引领作用，通过培养"懂技术、会组织、讲明白"的优秀青年人才，变"单打独斗"为"结对帮扶"，催化"学以致用"和"落地见效"，充分激活青年员工队伍成长的"一池活水"。

（2）**加快内部人力资源市场流动**。对满足任职资格条件、业绩优良、多专业交流培养成绩优秀且有流动意愿的员工，通过健全完善的公开竞聘等方式，畅通横向流动，盘活内部人力资源。

■ 加强青年内训师使用，激发青年员工队伍成长

（3）**建立人才高质量发展"三大工程"储备库**。对青工加强人才政策的宣贯，按照组织掌握、优进拙退、动态管理的原则，不断推进青年员工成长通道建设，形成有序的人才培养、选拔、使用、考核和激励机制。

三、实施成效

通过"四维联动"培养体系的构建和逐步使用，公司青年员工队伍素质基础进一步巩固，核心业务能力提升显著，超高压运维检修"全科医生""专科医生"青年队伍打造初具雏形。

（1）**青年员工队伍素质越来越"壮"**。公司青年员工理想信念坚定，"简单纯粹、专业专注"的工作理念深入人心，他们在日常工作中勤学苦练，专业功底持续夯实，整体素质全面提升。青年员工队伍的学历、职称、技能等级稳步增长。2022年，本科及以上学历新增43名、高级工及以上技能等级新增82名，双师型人才占比达到51%，技术技能类优秀青年人才储备60余名。在第十三届全国电力行业职业技能竞赛中，获个人二等奖、团体二等奖，1名青年员工荣获"电力行业技术能手"称号。在郑州市职工技术运动会变电设备检修工竞赛中，1名员工荣获"郑州市技术状元"称号、4名员工荣获"郑州市技术标兵"称号。

■ 青年员工刘锦蕙、郑晓东获"全国电力行业技术能手"

（2）**青年员工队伍活力越来越"旺"**。青年员工主动承担任务、争先岗位练兵、积极破解难题，干事创业、成长提升的积极主动性全面提高。在迎峰度夏、强对流天气频发等背景下，公司青年员工冲锋一线、无私付出，充分展现责任担当；公司惠济变电站、官渡变电站等 4 座变电站一键顺控改造、500 千伏白香线华中技改大修项目、两本运维检修教材编制等重点工作均以青年员工为主力军实施完成；全年公司青年员工牵头完成 QC 项目、群众创新项目、授权专利等各类创新创效 100 余项，在服务企业发展跨越方面作出重大贡献。

（3）**青年员工队伍实力越来越"强"**。内训师队伍建设卓有成效，10 余名青年内训师受邀参与国网技术学院、国网河南电力授课；在国家电网有限公司 2022 年新员工集中培训中，有 11 名公司新员工获"优秀学员干部"称号，27 名新员工获"优秀学员"称号，分别占省内获该称号总人数的 12.4%、13.3%。1 名青年员工入选"国家电网有限公司青年人才托举工程"，1 名青年员工担任国家电网有限公司调相机励磁（SFC）专家组副组长，1 名青年员工荣获"国家电网有限公司优秀团员"，2 名青年员工荣获"河南省技术能手"，1 名青年员工荣获省公司"青年岗位能手"，1 名青年员工到华中分部挂岗锻炼，7 名青年员工到省公司挂岗锻炼，7 名员工通过公开竞聘等方式调出至省公司本部、直属单位等。89 名青年员工在公司内获得岗级晋升，承担了更重要的工作。公司青年员工的竞争力和影响力不断增强。

四、分析与思考

公司青年员工培养工作虽然取得了一定的成绩，但仍有不足之处需要持续完善和改进。一是青年员工的心理健康疏导有所欠缺。与公司成立之初相比，整体业务增比 81%，人员数量增比 33%，加之退休减员等因素，青年员工一方面要面对与日俱增的安全生产压力和频繁出差的现实，另一方面青年员工受家庭生活和早日成长成才的自我期待影响，容易造成思想波动，需要加强人文关怀和科学减负，为青年员工创造价值、施展才华提供心灵减压。二是部分培养措施需要进一步深化实践。如：岗位"学习地图"目前仅在电气试验、继电保护、教育培训等专业中进行构建试用，需要围绕管理目标持续完善功能作用，加快成果转化。三是公司青年员工和外部交流比较少，需要多组织青年员工"走出去"和"带进来"，及时学习先进经验和技术，以契合公司快速发展的新形势新任务新要求。

项目完成人：刘红伟　杜少燚　李　璐　王洪涛　李　露

品音乐之美　铸歌声之魂
——打造"一核三融五协同"美育体系

郑州电力高等专科学校

一、实施背景

习近平总书记指出，要努力构建德智体美劳全面培养的教育体系，形成更高水平的人才培养体系。为结合思想政治教育，创新美育教育在高职院校中的人才培养模式，在校园文化艺术活动中汲取电力企业文化的成分，从先进企业的文化理念中汲取有价值的元素，解决如何运用美育来塑造学生良好的思想品德及良好人格的问题，郑州电力高等专科学校紧紧围绕"立德树人，德技并修"的育人思路，通过打造"党建铸魂、匠心聚力，行业赋能"的师资队伍建设模式，依托美育"思、说、行"等育人载体，"创新思政＋美育育人"形式，逐渐形成了具有鲜明的美育工作模式，通过多种形式将美育融入教育的全过程，将美育融入思政教育全过程，努力培育"不服输、肯吃苦、有担当、能干事"的高素质劳动者和技术技能人才，大力推动电力职业院校美育教育的发展。

二、实施内容

（一）工作思路

近年来，郑州电力高等专科学校重视音乐艺术对校园文化与企业文化建设融合的赋能作用，项目围绕一个核心、坚持"文化三融"、构建"五维协同"搭建美育育人新格局。

（1）围绕一个核心。 即围绕以优秀的电力企业文化为统一核心价值理念，有机融入中华传统文化与优秀校园文化，创新文化载体，融合培育资源，着力打造融合艺术理论教育、艺术审美教育、职业能力教育和思想政治教育为一体的教育理念。

（2）坚持文化三融。 即坚持以立德树人为根本，以社会主义核心价值观为主线，融入以传统文化、企业文化、校园文化的"文化三融"美育内容体系，依托课堂教学、明德讲堂、非遗进校、毕业文创等特色育人载体，有效推动社会主义核心价值观宣传有声、传播有形、落地有果，共筑师生精神家园。

（3）构建五维协同。 即围绕学校有关艺术教育的课程、科研、实践、文化、网络等平台，确立综合素养和专业技能相互协同发展的"五维协同"育人机制，总体规划，逐步实施，形成"全员、全过程、全方位"美育育人格局。

（二）具体措施

1. 以美育人，挖掘校园文化育人内涵

随着《关于全面加强和改进新时代学校美育工作的意见》落实落地，学校紧紧围绕"大思政"格局引领思想文化建设，构建核心圈层、支撑圈

层、协同圈层"三大圈层"思政教育与美育协同体系，形成了课程与实践、课内与课外协同的融合美育教育。在学校美育教育工作中注重融入电力企业文化这把"金钥匙"，突出学校"电"的特色优势，打造具有职业特色的艺术品牌活动，结合学校美育教育工作特点，以实施标准化管理、提高学校美育教育教学水平为宗旨，以加强教师科研与实践能力、提升各项艺术比赛成绩为突破口，"抓质量、展特色、创品牌"，不断挖掘校园文化建设和美育育人思想内涵。

充分利用清明、中秋、春节等传统节日和"五四""七一"等重要节日，党史国史上重大事件和重要人物纪念日等主题宣传日，开学典礼、毕业典礼、升旗仪式、入党仪式、教师节等时机，以经典诵读、节日民俗、文化娱乐、网络祭奠、文艺展演、演讲征文等多种形式为载体，开展爱国主义、民族传统、礼仪礼节教育，大力弘扬民族精神和中国传统文化。

■ 戏曲基础知识讲座

■ 歌唱比赛

2. 以美化人，搭建高质量美育育人平台

明确把立德树人作为高等教育的根本任务，立德树人对培养技能型人才与技术型人才的高职教育而言尤其重要。从高职院校美育教育工作实际出发，实现学校美育教育资源共享，相互促进，相互协同，融会贯通，搭建全方位美育渗透教育平台，发挥美育强大的育人功能。依托学生各类艺

■ 高雅艺术进校园系列活动

术社团的平台，充分挖掘电力企业文化精神内涵，新时代社会主义核心价值观理念，编创各类具有较高艺术品位、展现电力企业文化特色的原创艺术作品。例如：基于"一带一路"背景下国家电网有限公司实施国际发展战略，再现古代丝绸之路辉煌的原创舞蹈作品《丝路情》；源于我校创建省级文明校园的背景，提倡学生们遵规守纪、举止得体的校园文化原创情景歌舞《文明的校园有最美的你》等艺术作品。紧紧抓牢两年一届的全国大学生艺术展演、河南省大学生艺术展演、河南省大学生科技文化艺术节等各类艺术大赛机会，并取得各项比赛佳绩。

3. 以美培元，打造美育教育特色品牌

元，是根本，即基础。唱响以美培元"主旋律"——将社会主义核心价值观融入美育文化建设全过程，大力传承和弘扬中华优秀传统文化。以"用艺术启迪智慧、用经典传承文化"为宗旨，举办"艺文讲坛"系列活动，以中外文化艺术精品为媒介，引进校外艺术专家教育资源，拓宽校内艺术教育受众范围；推进"高雅艺术进校园"活动，积极与社会文艺团体和专业院团加强联系，打造各类具有较高艺术水准的演出活动；建立"大学生艺术实践基地"，邀请兄弟艺术院校、省电力公司职工俱乐部的音乐工作室、书画工作室、社会民间团体等来校举办专场演出、讲座和文化交流；不断挖掘社会服务资源，组织艺术社团的学生们积极参加学校"彩虹

■ "彩虹童年"暑期扶贫文体支教活动

童年"暑期扶贫支教等社会实践活动，拓宽艺术实践的社会参与度，服务乡村振兴，增强校内校外美育教育的联动效果。通过这些特色品牌的创建，在最大程度上做到艺术教育的多样性和普及性，让艺术教育成为每个学生的大学"必修课"，营造人文艺术校园大环境。

三、实施成效

郑州电力高等专科学校《品百年音乐之美　铸电力歌声之魂——三融四育五协同美育育人体系》突出以弘扬电力员工服务社会、敬业奉献的崇高精神，讴歌行业企业发展改革的丰功伟绩为中心；以努力建设高水平高素质电力文艺人才队伍，团结电力企业和电力文艺爱好者，围绕大局，高扬社会主旋律为重点；以优秀的电力企业文化艺术促进优秀的校园文化建设，在音乐艺术方面取得了突出成效。

学校先后被评为"河南省文明校园""国网河南省电力公司单位标兵""河南省大学生艺术展演优秀组织奖""河南省校园文化艺术工作先进单位"等荣誉称号。学校美育工作经验和研究硕果在中央和省级主流媒体宣传推广，《高职院校"三融四育五协同"美育

■ 学校《高职院校"三融四育五协同"美育育人体系研究》入选全国职业院校文化建设经典案例

育人体系研究》入选全国职业院校校园文化建设经典案例，取得了良好的社会效果，为职业院校美育工作提供了借鉴经验。

四、分析与思考

学校深入思考如何推动公司优秀企业文化在校园里落地生根，以美育教育的独特育人功能助推一流电力职业院校建设，立足扎根于电力行业，加大对学生进行企业核心价值观的教育，积极融入努力超越、追求卓越、爱岗敬业、诚信为本等职业精神，引导学生树立科学准确的世界观、价值观、人生观，增强学生对企业的认同感和归属感，探索出具有电力特色、贴合学校实际的美育育人格局，为建设具有中国特色国际领先的能源互联网企业提供充沛的技能人才与智力支持。

项目完成人：周明霞　彭　博　张扬扬　武　娜　史　航

"四有"工作法推动企业文化落地实践

国网新乡供电公司

一、实施背景

党的二十大报告指出，要坚持以人民为中心的发展思想，维护人民根本利益，增进民生福祉。电力事业是党的事业的重要组成部分，电网企业关系国家能源安全和国民经济发展，是服务保障民生的重要力量。

■ 组织庆"七一"党员活动

国网新乡供电公司坚持践行人民电业为人民企业宗旨，牢固树立以客户为中心服务意识，充分发挥思想文化引领作用，打造"文化＋供电服务"重点项目，促进文化"动能"向文化"势能"转变，推动文化建设与专业管理深度融合，以文化激发凝聚力、增强向心力、促进生产力，用思想文化之笔为公司实现"大而强"目标泼墨着色。

二、实施内容

（一）工作思路

以习近平新时代中国特色社会主义思想为指导，全面落实公司党委决策部署，重点以供电服务指挥中心为试点，聚焦企业工作主线，以打造"微笑服务、用心守护、共情共赢"服务品牌为契机，围绕"一快速二精准三卓越"（快速响应，精准决策、精准调度，服务卓越、管控卓越、指挥卓越）目标，构建"三维四融"（部门、班组、员工三个维度，初心红、实干灰、质量金、梦想蓝四色融入）机制，通过"四有"工作法推动企业文化落地实践，促进服务能力和服务质量双提升，不断提高客户电力获得感和满意度，以文化"软"实力助力企业"硬"发展。

■ 供电服务指挥中心文化墙"缩影"

（二）具体措施

1. 心中有数，筑牢政治"压舱石"

坚持党建引领守初心，强基固本促发展。始终铭记"红色"初心使命，深刻认识电力事业是党和人民的事业，坚持以党的建设为抓手，实现党建、文化、业务的互通共融，为企业发展提供坚强的文化支撑和治理保障。

（1）**党建引领，厚植文化根基。**发挥党支部的战斗堡垒作用和党员先锋模范作用，成立以支委、骨干党员为主要成员的项目工作组，利用"党员责任区、示范岗""支部联创""三亮三比"等平台，开展"四有工作法"文化项目落地实践。通过网络、微信、展板、文化墙、口袋书等渠道，激励党员干部担当作为，牢记党的初心使命，切实将基层党组织的组织资源转化为推动发展资源、组织优势转化为推动发展优势、组织活力转化为推动发展活力，实现公司价值理念在一线岗位具体化、实践化。

（2）**载体融入，夯实发展根基。**在项目实施过程中，精心设置文化长廊、母婴室、留言板、读书角，丰富文化活动形式，将公司文化融入专业、融入职工、融入日常，营造浓厚文化氛围，以文化促使员工思想同心、目标同向、行为同步，在工作中时刻保持"比、学、赶、帮、超"的积极态度。在疫情防控、迎峰度夏、复工复产、优化营商环境等系列工作中，以实际行动践行为民服务宗旨、提升服务水平，增强人民群众的电力获得感、幸福感、安全感。

2. 手上有招，把住工作"定盘星"

坚持聚焦关切出实招，践行宗旨为民生。努力铺垫"灰色"实干之路，全心全意为人民服务，满足人民群众美好生活的用电需要，以扎实有力举措，为美好生活充电、为美丽中国赋能。

（1）**专业推进，强化宗旨意识。**项目组注重构建政企协同、信息联

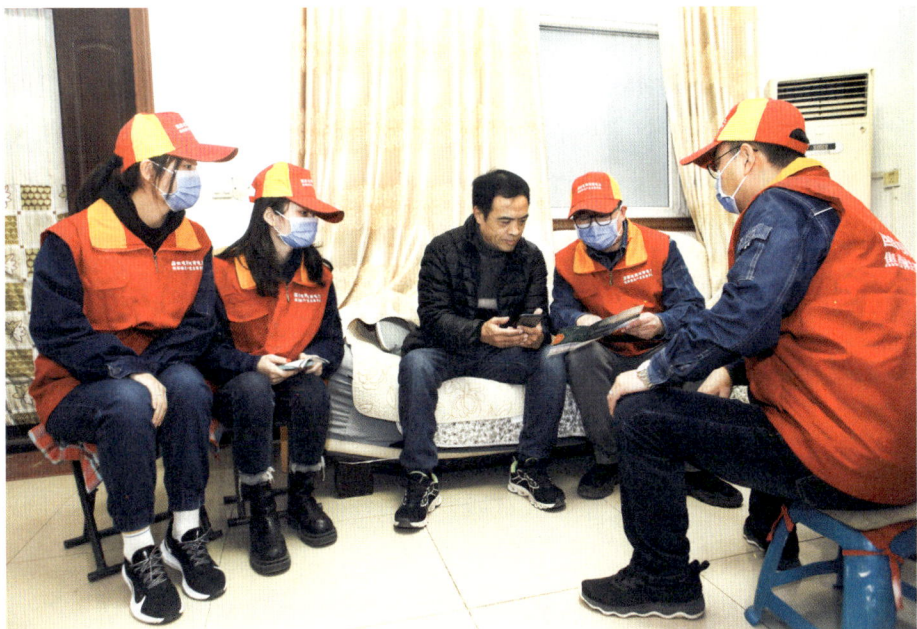

■ 通过走访客户推广"i 国网"App 方便群众办电

动共享机制，与"12345 政务服务热线"紧密结合，畅通政务服务渠道，完善工作流程，并依托线上业务受理平台，实现办电互联互通，提升客户办电便利度。加强客户诉求质量管控，2022 年走访客户 100 余次，推广"i 国网"App 便民办电，真情倾听群众呼声，真情解决客户用电难题，做到工单百分百受理、业务百分百办理、服务百分百满意。

（2）**靶向发力，增强客户感知**。站位客户视角，创新开展供电服务反违章检查，聚焦客户反映的热点用电问题，以"自查＋互查＋直查"方式开展现场检查，查处整改各类属实违章行为 103 件，完善业务流程 35 项，批评警示责任人 131 个，有效监督了供电服务全流程。聚焦客户用电感知，利用"13710"工作法，开展客户信息专项治理行动，一个月内完成了 19 万项异常存量数据的销号清零，停电信息通知到户率达到 98%。

3. 眼里有活，当好发展"助推器"

坚持履职尽责讲担当，服务大局展形象。着力擦亮"金色"质量品牌，切实发挥国有企业"六个力量"重要作用，坚决扛起电力保供政治责任，在万家灯火的团圆时刻默默守护，在党和人民需要的关键时刻挺身而出。

（1）**精益求精，突出示范表率**。实施综合素质提升工程，量身定制进阶式培训路线，开展"师带徒""手绘小区地图""技能竞赛"专项行动，完善员工知识架构，练就过硬本领。营造"星级"文化，将关键业绩指标分解到班组，落实到个人，结合实际业务开展"每月之星"评定，引导广大员工立足本职岗位，提高业务素质，增强技能水平与履职能力，推动服务能力提质增效。

（2）**牢记使命，凸显忠诚担当**。有效应对疫情灾情等复杂情况，发扬不怕疲劳、连续作战的优良作风，千方百计保障民生、公共服务和重要用户用电，连续打赢抗疫电力保供、灾后重建攻坚等"战役"。积极参加重大政治保电、应急抢修等服务行动，圆满完成建党 101 周年、党的二十大等重大保电任务，安全生产记录突破 9400 天；组织服务队深入客户、社区、企业，义务宣传用电知识、修缮用电线路，为群众解决身边难题，为企业提供贴心服务。

4. 指挥有方，定准前进"导航仪"

坚持锐意进取求突破，凝心聚力向未来。奋力谱写"蓝色"梦想乐章，坚定不移把改革创新作为力量源泉，深化管理体制变革，以改革添动力、以改革增活力，推动公司跨越发展。

（1）**统筹谋划，深化业务融合**。以客户需求为导向，深入推进营、配、调资源整合，打造"一专多能"的优秀员工队伍，塑造核心班组，培养服务客户的"精兵强将"，持续提高业务承载能力。构建"供电服务指挥中心 – 末端供电服务网格"快速响应体系，拓展"线上 + 线下"服务渠道，盘活网格资源，强化前端、壮大后台，提升配网指挥与运营管控能力，实现"一个诉求、一张工单、一支队伍、一次修复"。

（2）**深挖潜能，激发创新活力**。围绕服务需求、发展需求和技术需求，强化信息数据支撑，积极打造供电服务指挥可视化监控平台，融合多源服务数据，在线感知电网状态，实时跟踪诉求态势，为客户诉求快速响应和服务质量监督提供坚实保障。以数字化为城市配电网赋能赋效，提升配电自动化实用化水平，加快推进设备状态监测、运行方式调整、故障快速自愈、负荷紧急控制等实用化应用，为公司和电网高质量发展打造强劲引擎。

三、实施成效

1. 文化育人，激发了干事创业的内生动力

通过高举党建旗帜，弘扬党内政治文化，以优秀企业文化引导人、塑造人、凝聚人，营造了浓郁文化氛围，实现了企业文化与服务工作相融、文化建设和生产实际互促，筑牢了公司发展的"根"和"魂"。党员干部和全体员工在文化的熏陶中坚定理想信念，增强履职本领，推动工作创新，有效提高了电网安全水平、供电服务水平和工作积极性，增强了员工的认同感和归属感。

2. 文化赋能，展现了国有企业的良好形象

通过将企业文化融入服务全流程，内化于心，外化于行，文化的聚心凝力作用、辐射带动作用不断发挥，供电服务水平得到进一步提升。2022年，公司95598工单量同比下降39.2%，故障研判时长缩短15分钟，百万客户投诉量持续保持国家电网有限公司先进水平。主动发现各类隐患116项，配变重载、过载、低电压同比分别下降44.1%、51.7%和87.4%，设备运维水平和配网健康水平进一步提升。

■ 成功举办营配调业务综合技能竞赛

四、分析与思考

当前，公司正处于融入新发展格局的关键期、竞相发展的比拼期、蓄势跃升的突破期，机遇和挑战同在、压力与动力共存，在推动"一体四翼"发展布局落地、助力公司"大而强"目标实现的征程中，还需要不断强化实干意识、争先意识和主动服务意识，还需要持续提升担当精神、进取精神和业务能力素质。公司将深入学习贯彻落实党的二十大精神，牢固树立新发展理念，准确把握新发展形势，主动聚焦新发展目标，充分发挥"文化铸魂、文化赋能、文化融入"的重要作用，绷紧思想这根弦，守好保供责任田，立牢服务大局"顶梁柱"，为供电服务水平再提升注入新动能，让群众用电更满意。

项目完成人：平晓雪　史辛琳　张玉菡　原　斌
彭　博　何　楷　杨婧翊

构建"1+1+4+N"实践模式
书写文化"赶考"新答卷

国网商丘供电公司

一、实施背景

国网商丘供电公司深入学习贯彻习近平新时代中国特色社会主义思想，强化文化驱动，推动文化登高，以文化赋能为动力，扎实推进思想文化建设，着力打造出具有"商电"特色的"赶考"文化，以文化建设软实力赋能企业发展硬实力。

公司坚持稳中求进工作总基调，持续推进文化铸魂、文化赋能、文化融入，积极探索文化建设新体系，创新构建"1+1+4+N"文化模式（坚持以"赶考"精神为1个旗帜引擎主线，建立1个新时代文明实践站，重点打造安全生产、党风廉政、精神文明、党的建设4个方面文化建设，结合公司实际开展N项实践活动），主动把党建工作融入管理、专业、基层、现场，着力锤炼打造具有行业特色和公司特点的思想文化精品工程。

二、实施内容

（一）工作思路

按照"安全'赶考'切入专业，发挥文化保障作用""廉洁'赶考'融入中心，发挥文化规范作用""精神'赶考'植入管理，发挥文化导向作用""党建'赶考'深入基层，发挥文化凝聚作用"的建设途径，聚焦公司改革发展重点领域开展"赶考"新实践，形成文化驱动发展的良好氛围，以党建引领促进公司创新发展，推动各项工作爬坡过坎、不断突破，再上新台阶。

（二）具体措施

1. 安全"赶考"切入专业，发挥文化保障作用

一是高度重视，成立机构。成立"党建＋安全生产"项目小组，制定"党建＋"项目实施工作方案，细化、量化任务清单、进度表，确保各项工作有人负责、有章可循、有人落实。二是分步实施，定期督导。组织开展"安全生产月""一把手"讲安全课、"6·17""6·25"安全事故警示反思、"五问三问"安全大讨论、"安全有我·我为安全献一策"、工程项目承发包合法合规问题大检查、天宇公司工程安全推进会、用电安全宣传"五进"等一系列务实有效的活动。三是考核激励，务求实效。适时召开项目活动推

■ 举办安全生产月知识竞赛活动

进会，大力创建安全生产党员责任区、示范岗，开展"线上'全时段'+线下'四不两直'"督查，组建党员安全督察队 3 支，深入施工现场 60 多次，扎实开展"支部联创"活动，推进 8 个党支部"结对子"，实现"1+1＞2"的叠加效果，重点将党员先锋作用与安全生产有机结合，深化提炼"深度、浓度、力度、广度"的"四维度立体化"推进的工作载体，有力促进党建赋能和安全技能双提升。

2. 廉洁"赶考"融入中心，发挥文化规范作用

一是制定廉政展板、宣传版面等上墙文化，以廉洁笃定信仰，以担当践行使命，厚植廉洁文化土壤，营造倡廉崇廉的浓厚氛围。定期召开警示教育会议，签订廉政责任书，完成"市巡县"现场巡察阶段任务，严查快办问题线索 9 件，运用"四种形态"处理 22 人次。二是召开以案促改警示教育大会，持续开展廉洁教育"五个一"活动，联合工会开展"讲安全　话廉政　闹元宵"猜灯谜活动，牢守政治"高线"，严守作风"红线"，坚守纪律"底线"，不断强化自身党性锤炼，为优质服务提供坚强政治保障。三是制定公司 2022 年落实全面从严治党

■ 开展"讲安全　话廉政　闹元宵"猜灯谜活动

主体责任重点任务，牢牢把握严的主基调不动摇，以钉钉子精神把负责、守责、尽责体现在每个党组织、每个岗位上。

3. 精神"赶考"植入管理，发挥文化导向作用

一是深化文化浸润工程，在春节、七一、国庆等重大节日举办"栉风沐雨　砥砺前行""喜迎二十大　建功新时代　永远跟党走"等文艺汇演，展现公司员工奋进新征程的满腔热忱和建功新时代的昂扬风貌，培育

■ 举办"喜迎二十大　建功新时代　永远跟党走"文艺汇演

■ 开展"端午粽香浓　喜迎二十大"志愿服务活动

和弘扬社会主义核心价值观，扎实推进拓展各类精神文明教育实践活动，着力满足广大职工精神文化生活新期待，进一步塑造良好央企品牌形象。二是开展志愿服务活动，做好"焦裕禄"共产党员服务队和"电力雷锋"青年志愿服务队建设，大力弘扬"奉献、友爱、互助、进步"志愿精神，围绕疫情防控、文明交通、安全用电、优质服务等内容，开展"倡文明风尚""端午粽香浓　喜迎二十大"等丰富多彩的志愿服务活动，不断提升志愿服务活动的感召力和影响力。三是打造"两厅五馆三中心"十大文体活动阵地，高质量开展系列活动，不断提升干部职工的获得感幸福感，推动文化软实力渐成发展硬实力。公司获得年度"商丘市直模范机关"称号，连续6年保持"全国文明单位"称号。

4. 党建赶考深入基层，发挥文化凝聚作用

公司党委围绕党建"二十字"总体思路（政治引领、强根铸魂、夯基固本、赋能融合、从严约束），聚焦政治建设"一个统领"，坚持党建引领和文化赋能"双轮驱动"。一是坚持强基固本，提升"红色堡垒"组织力。编制《国网商丘供电公司"四种文化"建设指导手册》，强化党建部门抓文化管理、业务部门抓文化承载、全员共建企业文化的工作体系，以党支部文化建设助推各专业高效开展，筑牢党支部"红色堡垒"引领力。二是坚持融合引领，激发"红色引擎"驱动力。深化红色文化教育实践活

■ 编制《国网商丘供电公司"四种文化"建设指导手册》

■ 开展永城陈官庄纪念馆红色教育实践活动

动，开展永城陈官庄纪念馆红色教育实践和观看红色电影教育等活动，将红色堡垒、红色力量、红色先锋融入企业改革发展全过程。

三、实施成效

（1）**深度融合，实现党建与业务互融互促**。通过开展"1+1+4+N"文化赋能模式，实现党建与文化建设的合力共融，促进各支部以安全生产、党风廉政、精神文明、党的建设四个方面为切入点和落脚点，切实发挥党组织的战斗堡垒作用，发挥党员的先锋模范作用，带动员工解决支部各方面遇到的重点和难点问题，有力推动安全工作高质量开展，也为党建工作赋予实实在在的价值。

（2）**创新创造，激发党建工作新思路与新活力**。以党建优势带动文化创建，自觉成为党内先进政治文化的传播者和优秀企业文化的倡导者、实践者，带动党员干部担当作为，创先争优。依托"赶考"文化创新平台，厚植创新土壤，激发职工创新活力和岗位建功热情，深入开展科技创新、职工创效活动，不断提升员工综合素质，为企业创新发展提供坚强支撑。

（3）**示范引领，党支部和党员先进性更加突出**。全面推动优秀企业文化落地实践，强化思想和文化引领，聚焦中心工作，积极调动党员在急难险重任务面前发挥先锋模范作用，进一步增强党员在重点工作推动中的引领带动作用，大力推动公司和电网高质量发展。公司变电一次检修四班荣获河南省"工人先锋号"荣誉称号，孙海玉等四名同志荣获商丘市"劳模模范"荣誉称号。

四、分析与思考

坚持以"赶考"精神为旗帜引擎主线，重点打造安全生产、党风廉政、精神文明、党的建设四个方面文化建设，不断丰富"线上＋线下"多途径活动载体，提升思想文化建设与业务工作的融合度，建立全方位、全专业、全覆盖的思想文化传播阵地，增强文化的感染力、穿透力和影响力，促进员工对文化的认知认同。

下一步，公司将持续强化政治引领，推动文化登高，探索方式方法，不断提高文化建设水平，促进公司文化厚植基层，为各项工作高质量发展提供强大的精神动力和文化支撑。

项目完成人：南国良 纵淑莉 解 昊 莫琬琳 郭大伟

"五强五树五提升" 打造优良作风员工队伍

国网信阳供电公司

一、实施背景

学习贯彻习近平总书记关于增强"八项本领"、提升"七种能力"和加强作风建设的重要论述，认真落实省委、市委"能力作风建设年"活动动员部署会会议精神，围绕国家电网有限公司"一体四翼"发展布局，省公司"一二二"总体思路及公司年度发展目标，聚焦党员干部思想大解放、作风大转变、能力大提升、工作大落实，推动形成"提升能力、锻造作风、实干立身、争先出彩"的浓厚氛围和工作导向，加快公司和电网高质量高效率跨越发展。

二、实施内容

（一）工作思路

强化党内政治文化建设，针对部分干部员工中存在的"庸懒散浮拖"五种现象，强化"五个意识"（政治意识、群众意识、服务意识、争先意识、廉洁意识），锻造"五字作风"（严真细实快），提升"五种能力"（提升政治能力、提升专业能力、提升改革创新能力、提升统筹发展和安全能力、提升群众工作能力），教育引导广大干部员工以"赶考"的状态、优良的作风、过硬的本领，翻开新篇章、迎接新局面，全力确保公司各项工作目标落地实现。

（二）具体措施

1. 解放思想转观念

坚持把解放思想作为活动的总开关、总基石，在公司全体干部员工中组织开展集中学习、广泛讨论，切实增强政治意识、群众意识、服务意识、争先意识、廉洁意识，凝聚起提升能力作风、强化实干立身的思想共识。

（1）**锚定目标提认识**。灵活运用党委会"第一议题"、中心组学习、党支部"三会一课"、主题党日等多种方式，深入学习贯彻党的二十大精神、习近平总书记关于增强"八项本领"、提升"七种能力"和加强作风建设的重要论述，深入学习国家电网有限公司、省公司和公司 2022 年"两会"精神以及公司"能力作风建设年"活动实施方案，弄清能力作风建设要求、明确全年目标任务，强化加压前进、真抓实干、紧抓快干的总体认识。

（2）**深挖问题转观念**。各部门各单位主要负责人亲自部署、亲自参与，组织干部员工针对存在的"庸懒散浮拖"典型问题，围绕能力作风建设、公司工作目标要求，开展"五问五增强"讨论（一问思想站位高不高、有没有服务工作大局，增强政治意识；二问化解矛盾实不实，有没有用好"枫桥经验"，增强群众意识；三问初心本色浓不浓、有没有践行企业宗旨，增强服务意识；四问目标定位准不准、有没有坚决逢一必争，增强争先意识；五问思想堤坝牢不牢、有没有慎独慎微慎欲，增强廉洁意识），剖析问题、形成清单、拿出措施、闭环整改，引导干部员工从思想深处自我革命，形成转作风、提能力的行动自觉。

2. 聚焦实干锻作风

着眼以新风气迎接新征程，以新态度实现新目标，锻造"严真细实快"五字作风，教育引导干部员工躬身入局、担当作为，实事求是、雷厉风行。

（1）**严肃严格、严抓严管**。结合日常管理、巡视巡察发现问题，着重改进规章制度、流程标准"窟窿"。制度流程的制定部门精心组织好宣贯、讲解，抓好抽查检测，促进全体员工学深制度、学透规则。每位员工从自身做起，做好分内事、盯住小细节，严格自我要求，遵守制度流程。各部门各单位抓好日常监督、公正绩效评价，让"严"成为推动工作、衡量实效的首要要求。

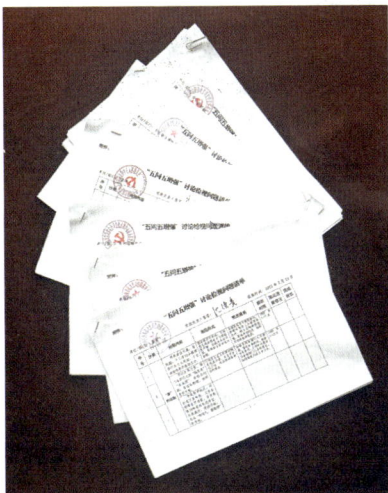

■ 开展自查，对照"五问五增强"建立"账单"抓提升

（2）**求真较真、真抓实干**。坚持实绩实干导向，强化正向激励，大力选树在重大举措、重大工作、重大项目中勇于担当、迎难而上、甘于奉献的先进典型，激励干部员工坚持求真精神、认真态度和较真劲头，敢啃"硬骨头"，敢接"硬任务"，敢攻"硬堡垒"，遇到难题"不绕道、不摆样、不甩手"，形成下苦功夫、下真功夫、真抓实干的良好氛围。

（3）**细致研究、精细精准**。坚持工作项目化、任务台账化、责任清单化，厘清任务分工；加大通报频次，细化进度管控。坚持精细落实，弘扬"工匠精神"，从每个环节、每个步骤抓起，从小事干起，把细节做到位、做扎实。坚持精细评价，强化抽查检查、审核把关，抠流程细节，不搞"差不多就行"，确保每一项工作任务有结果、有成效。

■ 开展一线调研，督促基层单位学在实处
干在实处

■ 打造"周四大学堂"平台，干部员工集
中"充电"

（4）**掌握实情、干在实处**。坚持问题导向、需求导向、结果导向，用好"一线工作法"；倡树简洁高效的文风会风；改进督查检查方式方法，多到现场看，多见具体事，多听基层声音，察实情出实招办实事，在工作最需要的地方解决问题，在落实最困难的地方打开局面。各级领导干部念好"实"字诀，亲自了解问题、亲自思考对策、亲自推动执行、亲自验证成效，主动作为、亲力亲为，带头力戒形式主义、官僚主义。

（5）**雷厉风行、紧抓快干**。各项工作牵头部门切实履行职责，主动建立机制、主动厘清职责、主动会商研判、主动协调落实、主动通报评价；配合部门"听招呼、快行动、严落实、常反馈"，分内的事情认真干、交叉的事情主动干，杜绝推诿扯皮。坚持落实"13710"工作制度，第一时间明确任务、第一时间落实分工、第一时间执行措施、第一时间反馈结果，做到今日事今日毕，明日事今日计，做到事不过夜、案无积卷。

3. 立足本职提能力

坚持干什么学什么，缺什么补什么，开展大学习大培训大练兵大提升，推动公司干部员工提升政治、专业、改革创新、统筹发展和安全、群众工作五种能力，成为本职工作的行家里手。

（1）**强化理论武装，提升政治能力**。严格落实党委会"第一议题"

制度、理论学习中心组学习"十项机制",发挥党员领导干部在理论学习中的"头雁效应"。开展习近平新时代中国特色社会主义思想、党的二十大精神集中轮训;做好支部主题党日理论学习研讨"规定动作",结合学习内容,分析形势、破解难题、谋划思路,把政治理论学懂、弄通、做实。强化政治监督,深化政治建设、政治素质考核考察,不断强化党员领导干部政治能力。

（2）加强业务培训,提升专业能力。各部门、各单位立足公司发展形势、业务发展态势,根据岗位职责,列出学习清单,领导干部带头学、固定时间集体学、空闲时间个人学,积极营造"崇学"氛围。结合业务实际,开展岗位胜任能力测评;突出实际实操,组织"岗位练兵"竞赛比赛,检验学习效果,不断提高公司干部员工专业水平。健全干部培养机制,强化干部轮岗交流,让优秀年轻干部在关键、吃劲岗位培养锻炼,在实践中提升专业能力。

（3）注重对标先进,提升改革创新能力。各部门、各单位严格落实上级各项工作部署,结合公司"四无三降两提升"重点工作,坚持"走出去学习",按照各个领域实际业务,在全省范围内选定对标单位,学氛围、学理念、学措施,引入新思路、新方法,建立对标清单、制定对标方案,解决公司存在的痛点难点问题。完善创新保障和激励机制,形成全员创新创造的浓厚氛围,做到"人无我有,人有我好、人好我优",充分释放创新潜能。

（4）守牢规矩底线,提升统筹发展和安全能力。强化安全硬件建设、安全文化建设,提升安全管控能力,加大违章奖惩力度,守牢安全生产底线。坚持法治思维、群防群控,落实"三到位一处理""四定四包"工作要求,积极化解信访积案,守住到省赴京"零上访"目标。整治"违规经商办企业""酒驾醉驾"问题屡查屡犯的现象,强化重点业务领域监督,做好"小微权力"廉洁风险防控,严防违纪行为发生。强化跨鱼塘线路综合治理,压降劳动用工案件数量,确保公司被诉、员工违法案件数量总体下降。围绕"四无"行动，强化风险预判、风险管控、应急处突能力，保证公司安全稳定总体局面，确保"两个不出事""四个百分之百"。

（5）办成干好实事，提升群众工作能力。 持续强化电力供应保障和电网防灾抗灾能力；精准补强电网、精益设备运维，能带电不停电，提高供电可靠性；规范服务行为，推广智能化、个性化服务，提升服务品质，不断优化营商环境，聚焦"建好网、服好务、供好电"，为人民群众追求美好生活贡献电网力量。推进"一户一表"改造等民生实事工程，解决群众急难愁盼的问题。为职工办好建设"五有"功能集控站等 7 件实事，让广大职工感受企业温暖。

三、实施成效

（1）政治意识不断强化。 坚定捍卫"两个确立"。持之以恒学懂弄通做实习近平新时代中国特色社会主义思想，全面学习、全面把握、全面落实党的二十大精神，干部员工"四个意识"更加牢固，"四个自信"更加坚定，践行"两个维护"更加自觉。坚决落实上级部署。树牢"以人民为中心"理念，坚决贯彻国家电网有限公司战略目标、省公司"两个不出事""四个百分之百"工作要求，积极服务信阳市"1335"工作大局，认真履行电力保供责任，高质量推进碳达峰碳中和、乡村振兴、优化营商环境重点工作，"千乡万村驭风行动"得到市委书记批示肯定，市场满意度"获得电力"在信阳市二季度营商环境考核中排名第三，政务服务大厅窗口单位评价排名第一。

（2）作风名片更加闪亮。 干事氛围更加浓厚。坚持目标导向，确立"一转二稳三进七增"工作布局，建立"1+5+4"重点工作推进机制，与基层单位签订目标责任书，修订安全生产、"三降两提升"专项奖惩办法，各级责任压得更实。坚持事业引领，拓宽领导人员、职员职级、专家人才成长通道，今年以来调整中层管理人员 7 批次，提拔 27 人、平行交流 51 人，队伍活力动力充沛。"五字"作风深入人心。各部门单位依托"周四大学堂"学习平台，"规定动作"学上级要求、结合实际学业务知识，对照"庸懒散浮拖"五类典型现象，干部员工深入自我剖析、自我检视，查摆能力作风问题 357 条，心中有目标、眼中有问题、肩上有责任、手中有实招、脚下有路径"五有"队伍打造成效显著。

（3）担当履职成效突出。干部员工众志成城、尽锐出战，经受住了疫情、高温、暴雨等大战大考，守住了"两不两防"底线红线，安全稳定局面巩固，主要指标稳中向好，内外发展环境良好，公司形成了"风清气正、实干争先"的浓厚氛围，呈现出"发展更快、质效更好"的良好态势，实现了电网、管理、服务"三个升级"。2022 年完成发展投入 18.51 亿元，比年初计划增加了 40.4%；售电量 144.72 亿千瓦时，同比增长 17.17%，增速保持全省第二，综合业绩全省第五名，稳居全省第一方阵；公司作为全省唯一一家地市公司，荣获"2022 年度国家电网有限公司先进集体"。

四、分析与思考

通过项目实施，公司保持了发展的良好态势和积极向上浓厚氛围，但这仅仅是迈出的第一步，能力作风建设永远在路上，仍需要坚持把巩固拓展项目成果与重点工作推进有机融合，更加注重以改革发展、安全稳定、民生改善等工作实效体现能力作风建设成效，持续推动能力作风建设不断走深走实、常态长效。

项目完成人：杨　帆　赵文哲　徐　昊　尚梓昂　上官慧莉

打造"两个不出事""四个百分之百"践行落地的"党建+"示范工程

国网濮阳供电公司

一、实施背景

为扎实推进"旗帜领航"党建工程,根据《中共国网河南省电力公司委员会办公室关于开展党员身边无事故"三带三有"活动的通知》(党办党建〔2021〕51 号)要求,国网濮阳供电公司深化"党建+安全生产无事故"工程、"党员+安全生产零违章"工程(以下简称为"双+"工程)成效,强化党建价值创造,教育引导广大党员用坚强党性守牢安全生产"生命线",激励广大党员在工作中争排头、做表率,切实发挥党员先锋模范作用,做到党员自身零违章,党员身边无违章,把党建优势转换为创新优势、竞争优势、发展优势,确保公司各类违章行为有效降低,促推公司整体安全水平持续提升,努力打造"两个不出事""四个百分之百"落地样板工程。

二、实施内容

(一)工作思路

国网濮阳供电公司深入学习贯彻习近平总书记关于安全生产工作的重

要论述，严格遵循"两个不出事""四个百分之百"根本要求，认真对标"三带三有"活动举措，探索实施"四明四保"党员反违章赋能机制，以强化"三个意识"为主线确保党员自身零违章，以"传、帮、带"为载体示范带动党员身边人员无违章，以守牢"三道防线"为主责推动全员反违章，以构建"三个链条"为基础打造践行"两个不出事""四个百分之百"落地样板工程，全力以赴维护安全生产稳定局面，努力实现"三个同比下降"（一般性违章总量、党员身边违章事件、基层班组违章数量同比下降）和"三个不发生"（党员自身违章行为、严重违章事件、人员伤亡事故不发生），为推动国网河南电力安全生产长治久安贡献"濮电"力量。

（二）具体措施

（1）**明身份，确保党员自身安全生产零违章**。创新融合教育，铸牢安全意识。牢固树立管党建必须管安全的工作理念，坚持把安全教育嵌入组织生活，以"两日""两会""两微课""两谈心"等为载体，在双向融合中强化党员安全生产意识、引领党员安全行为表现。严守作业标准，激发先锋意识。找准党员履责明责与现场规范作业的结合点，开展"一名党员、一枚胸牌、一次承诺、一份责任"主题活动，组织签订"双规双零"现场作业安全承诺书，党员进入作业现场时必须佩戴印有"共产党员"字样的身份胸牌，接受群众监督。严肃违章惩处，强化责任意识。创新实施党员违章"三个说清楚"工作举措（党员本人在支部党员大会上说清楚、党支部书记在党建季度例会上说清楚、行政主要负责人在安全周例会上说清楚），对照"学党史、保安全、党员身边无违章"奖惩细则要求，对发生违章行为的党员进行"一违双罚"，以高压威慑力，督促党员切实做到自身安全生产零违章。

（2）**明职责，确保党员身边人员无违章**。"传"字为先，做"有信念"的安全生产宣传员。围绕安全规程、制度规范、专业培训等重点领域，深

■ 领导班子讲授安全课

■ 开展"师傅带徒弟"拜师仪式

化"党员＋"安全宣讲，机关党员深入现场、下沉班组宣讲安全规程，青年党员结合案例通报宣讲制度规范，党员干部在"老师傅大讲堂"开展安全专题培训，掀起学习热潮，营造"要我安全"氛围。"帮"字为要，做"有担当"的安全生产引导员。秉承岗位相近、便于管理的原则，开展"一帮三提"结对帮扶活动，一名党员帮扶一名青年，结合日常谈心、情绪疏导、岗位培训等形式，综合运用作业现场"事故快报""现场微学堂""掌上自习课"等载体，带动身边群众提升安全意识、技能水平和研判能力。"带"字为基，做"有干劲"的安全生产联络员。传承红色基因，赓续红色血脉，持续深化党建带团建、支部带队伍、支委带班组、党员带群众、师傅带徒弟的"五带"工作法，利用作业现场和班前班后会工作间隙，开展"安全生产献一计""安全生产一堂课"等活动，带动身边人员树立"我要安全"意识。建立以当季"不发生违章"为标准的评价机制，对无违章的党支部颁发"党员身边无违章"流动红旗。

（3）明使命，确保党员带头开展反违章。班组自防，落细班组岗位责任。坚持以基层班组作业种类、数量为量化标准，细化班组岗位职能责任，完善"无违章班组"考核机制，形成班组党员带头、全员参与的反违章氛围。对发生违章的基层班组，扣除当月安全专项奖，取消班组党员"安全示范岗"年度评选资格，班组党员民主评议党员不能为"优秀"，以"零容忍"态度推动一线党员带头开展反违章。党员协防，落实安全防

■ 党员反违章督察队到现场开展检查

■ 支部利用无人机进行隐患排查

控责任。成立由党员安全员和党员技术员组成的"党员反违章督查队"，采取"现场监督检查 + 远程监控督查"模式，对各类施工现场，特别是有党员参与的施工现场进行重点监督。2022 年，安全督查中心远程监控作业现场 16431 处，安全提醒 6786 次，公司党员反违章督察队现场检查作业现场 356 次，制止违章 152 起。有力保障了现场施工安全。支部联防，落地基础管理责任。组织生产一线党支部开展作业现场调研，动态分析违章变化趋势，有针对性地在吃劲环节、关键领域、重点项目中设立党员责任区 41 个、党员示范岗 29 个，积极开展"查隐患、促整改、保安全"实践活动，党员主动认领、带头整改隐患问题 30 个。

（4）明"三带三有"要求，确保打造践行"两个不出事""四个百分之百"落地样板工程。强化党员宣讲"考核链"，把好安全生产"思想关"。细化党员现场安全宣讲考评标准，建立定期考评机制，每月对党员作业现场安全情况进行评价打分，纳入月度绩效考核。2022 年，开展"党员现场宣讲安全"活动 208 次，作业现场安全规范意识得到持续提升。强化联动协同"组织链"，把好安全生产"参与关"。组织支部委员与生产班组签订安全生产联系单，带头析隐患、评风险，跟进监督促落实。聚焦各类作业现场中的难点堵点问题成立党员攻坚小组，祛顽疾、破难题，联动攻关促提升。挑选经验丰富的党员"一对一"结对近期发生违章的员工，讲规程、做示范，党员帮带促规范。强化党建引领"价值链"，把好安全生产"赋能关"。在公司级党员反违章督查队的基础，成立部门级党员安全纠察队 17 支，设置党员排查员 23 名、宣传员 8 名，设立"党员安全示范岗""党员安全责任岗""党员安全监督岗"168 个，充分发挥党员"三带三有"表率作用，对违章行为大胆"亮剑"，坚决杜绝"隐患"发展成"事故"。

三、实施成效

国网濮阳供电公司始终坚持安全生产人人都是主角的工作理念，围绕"三带三有"要求，做实"四明四保"举措，激励引导广大党员在安全生产中争排头、做表率，做到"关键岗位有党员守着、作业现场有党员盯着、重要环节有党员把着"。2022 年，通过党员现场亮身份、党员身边无违章、党员作业现场安全宣讲、"无违章班组"流动红旗评比等活动持续激发了广大党员"不想违章"的内生动力，党员违章、党员身边违章数量均大幅下降，"不敢违章、不想违章、有能力不违章"的安全生产氛围日益浓厚。

四、分析与思考

国网濮阳供电公司始终坚持人民至上、生命至上，牢固树立安全发展理念，坚决守牢"两个不出事""四个百分之百"的基本盘，以"四明四保"举措夯实安全生产基础，聚焦"三个意识"，着力解决党员示范"怎么干"的问题，聚焦"三项载体"，着力解决身边人员"怎么带"的问题，聚焦"三道防线"，着力解决反违章平台"怎么用"的问题，聚焦"三个链条"，着力解决样板工程"怎么建"的问题，不断推动党建工作与安全生产深度融合、有效衔接，逐步形成由被动式反违章向自觉反违章的转变，实现由"要我安全"向"我要安全"的转变，切实守住安全生产"生命线"。

项目完成人：邱大庆　陈慧娜　楚长鲲　程慧婧　王　秋

建强服务型基层党组织
架起服务乡村振兴工作连心桥

国网周口供电公司

一、实施背景

　　坚持以习近平新时代中国特色社会主义思想为指导，进一步推进党建工作与乡村振兴深度融合、协同发展，深入践行"人民电业为人民"的企业宗旨，加强基层党组织建设，深入开展党员服务示范活动，持续推动农村电网提档升级，持续巩固脱贫攻坚成果，提升电力服务乡村振兴水平，推动公司在提升农村电气化水平、服务乡村振兴上走在全省前列。

二、实施内容

（一）工作思路

　　实施乡村振兴战略是党的十九大报告作出的重大战略决策，并庄严地写入了党章，为新时代农业农村改革发展指明了方向、明确了重点。周口作为农业大市，需要筑牢"基本盘"，迈向"高质量"，把"农"字底色转化为出彩亮色，坚决把党中央关于乡村振兴重要指示精神和各项决策部署落到实处。乡村振兴，产业振兴是关键；产业振兴，党员带头是关键。

实施乡村振兴战略，正是以习近平同志为核心的党中央着眼党和国家事业全局、顺应亿万农民对美好生活的向往，对"三农"工作作出的重大决策部署，是决胜全面建成小康社会、全面建设社会主义现代化国家的重大历史任务。

（二）具体措施

始终坚持党的全面领导，认真贯彻落实公司党委的决策部署，建强服务型基层党组织，全力服务周口农业农村现代化建设，助推农民更富、农村更美、农业更强。

（1）**党委统筹谋划，健全工作机制**。公司党委出台《国网周口供电公司 2022 年巩固脱贫成果服务乡村振兴重点工作实施意见》，提出"保持政策稳定、提升供电服务、推动帮扶振兴、保障工作成效"4 项工作目标；成立乡村振兴工作领导小组，将 19 项年度重点任务明确到公司牵头领导、责任部门及配合部门，将全年工作以月历表的形式倒排工期、挂图作战，并对照每月计划督查督办工作进度。

（2）**加强组织建设，开展支部联创**。组织党委党建部支部委员会与公司帮扶村翟楼村支部委员会开展结对共建，坚持"相互学习、相互促进、相互监督"原则，结合工作实际，创新活动形式、丰富活动内容、注重活动实效，全力实现"党员干部受教育、基层群众得实惠、基层支部共促进、乡村振兴见成效"。

（3）**落实政府部署，精准服务"三农"**。组织驻村工作队、党员服务队深入学习习近平总书记有关"三农"论述，紧绕"四个不摘"，严格贯彻市委市政府乡村振兴战略重大部署，围绕电力服务政策落实 6 项重点工作开展两轮行业政策帮扶"回头看"排查整改工作；公司 23 个帮扶村积极响应属地各级政府要求，将帮扶村人居环境治理、疫情防控等各项举措不折不扣落到实处。

（4）**加强督导考核，确保成效提升。**结合年度 19 项乡村振兴重点工作，联合纪委部门采取听、查、看等形式全面开展常态化监督检查；通过明察暗访、随机抽查、定期对驻村工作队及村委会干部进行座谈交流等多种形式，切实做到严格监督、有效监督，持续促进帮扶政策落实落地。

（5）**深化供电所党支部建设，全面提升基层乡所综合素质。**深入实施供电所党支部星级评价体系，常态化开展月度现场查评，积极推广先进经验和特色做法；成立 196 支共产党员服务队，选派 52 名优秀大学生充实基层供电所，拓展"三会一课"等组织生活方式，持续开展"农电铁军"党建思想教育培训，推行党员承诺践诺全活动全落地，党员责任区、党员示范岗全实施。

（6）**探索助力乡村振兴新模式，助推农网提升与党建业务双向融合。**将基层党组织作为助力乡村振兴工作的先锋队，将党性修养学习教育成果转化为推动乡村振兴工作强大动力，申报《助力农村电网巩固提升的党建业务双向融合工作模式建设》管理创新课题。

三、实施成效

1. 强化党建业务融合，筑牢农村电网"压舱石"

紧跟党的政策方针，严格落实市委市政府乡村振兴年度重点工作部署，统筹考虑服务全市农业高质量发展、乡村建设行动等重点工作，全力服务乡村振兴战略电网提升。**一是紧密衔接政府乡镇规划，农村电网基础稳步提升。**落实市委市政府政策要求，编制 10 部县级"十四五"农村电网规划、完成 10 项 35 千伏及以上输变电工程建设任务；协同农业部门高质效完成 116.7 万亩高标准农田机井高压配套电网建设任务及 11.2 万亩水毁高标准农田重建任务。**二是深度融合县域电网资源，农村用户供电可靠性持续提升。**发挥党员先锋作用，打造"作风过硬，能打胜仗"配网提升

■ 公司党员服务队宣讲安全用电知识

军团，实施安全风险整治、问题销号专项行动，累计治理安全隐患 1352 处、防汛隐患 175 条；治理连续三年出口侧低电压、多村共用一台配变问题台区 734 个；成立不停电作业中心统筹市县不停电作业资源，持续帮扶县域积极开展四类作业，减少用户停电 36 万时户数。**三是创新基层党组织服务模式，电力护航"三农"安全用电**。组织党员服务队开展"务工在他乡，家事我来帮"活动，将印有台区经理联系方式、安全用电提醒等信息的"连心卡"打造为"万能卡"，上门为农村留守老人儿童提供电器维修服务、安全用电知识宣贯，解除在外务工人员后顾之忧；制作"安全用电三字经"，组织党员服务队深入田间地头，为农村用户宣讲"三夏"安全用电知识。

2. 强化党建作风引领，打好农村电气化"特色牌"

发挥党员服务队优势，落实电力帮扶补贴政策，促进农村清洁能源发展，助力农村地区节能减排。**一是加快政策补贴电费及时拨付，助力清洁能源发挥惠民能效。**党员服务队按照光伏扶贫电站"监测、预警、报告、服务"四到位机制按月走访排查零电量扶贫电站，截至目前，全市 1222 个光伏扶贫电站全额消纳发电量 1.91 亿千瓦时，及时支付购电费共计 7245.31 万元；每月积极开展办理低保户、五保户电费补贴，按当地民政部门提供的低保户、五保户人数，累计向政府指定账户拨付电费补贴 1776.29 万元。**二是"红马甲绿通道"全面服务，推进乡村电气化项目落实落地。**各县区公司基层党员服务队积极推广电气化育苗、种植、畜牧技术应用，支撑农业机械用能转型升级，开通"绿色报装通道"，投资配套设施建设、及时验收送电，高质量完成商水牧原农牧有限公司等 10 个乡村电气化项目，新增电气化设备 475 台，预计年增加用电量 1336.7 万千瓦时，项目直接受益 1.32 万人；"红马甲"党员志愿者服务队定期上门走

■ 公司党员服务队深入田间地头帮农户抗旱

访，及时发现解决用户难题，开展安全用电宣传千余人次。**三是党员服务队冲锋在前，聚力高标准农田机井通电**。自春耕春灌以来，市县共组织政治素质高、业务能力硬的共产党员服务队 196 支，深入田间地头对机井配套线路及台区多次开展全覆盖巡视，走访农业用户及涉农用户 32882 户，消除设备隐患 1335 处，治理重过载及低电压配变 192 台，指导排除客户侧用电安全隐患 2499 起，切实做到"电通水出"，扛牢粮食安全责任。公司机井通电工作获得《新华社》、央视新闻频道等新闻媒体报道，公司抗旱保秋等迎峰度夏重要工作获得市有关领导批示。

3. 强化党建使命引领，拓宽巩固脱贫攻坚成果"共富路"

严格落实"四个不摘"要求，指导驻村干部配合当地党委政府做好巩固拓展脱贫攻坚成果助力乡村振兴各项工作。**一是持续开展定点帮扶，生态惠农文化育农**。在党员队伍中择优选派 18 名驻村第一书记、37 名驻村工作队员定点帮扶 2 3 个村，260 名党员自愿结对帮扶，共计帮扶群众 5.76 万人（其中脱贫群众 5867 人，"三类户" 416 人）；开展人居环境治理，加强坑塘污水整治，提升户厕改造率，全力落实"六乱六清"；邀请专家开展在帮扶村内"圆梦青春"系列公益讲座；政企共建"希望小屋"、开展"电力雷锋光明行"活动关心关爱留守儿童；群策群力直播带货打造帮扶村自有品牌，激发脱贫群众内生发展动力。**二是持续开展捐赠帮扶，产业兴农**。结合帮扶村所在地发展规划和资源禀赋，依托国家电网公益基金会和河南省乡村振兴协会，全年计划实施 7 个特色产业捐赠项目；充分发挥捐赠帮扶效能，在公司系统帮扶村中创建翟楼村、朱李庄村 2 个电力爱心超市，打造翟楼村乡村振兴示范村。**三是持续开展消费帮扶，爱心助农**。通过"惠农帮"电商平台完成国家电网有限公司定点帮扶"四县一区"农产品采购、河南脱贫地区农产品采购共计 15.68 万元，同时主动采购 7.04 万元帮扶村粗粮农产品；在职工食堂设立消费帮扶农产品专柜，鼓励员工积极参与消费帮扶农产品"爱心订购"活动。**四是积极宣传"周电"**

■ 公司党员志愿者对帮扶村农产品进行抖音直播带货

乡村振兴力量。在全国各类媒体发表公司乡村振兴相关工作宣传稿件 140 篇，做好工作总结宣传，积极开展舆论宣传，营造良好舆论氛围，彰显公司责任央企形象。公司荣获河南省 2022 年乡村振兴劳模出彩"十面红旗单位"。

四、分析与思考

2022 年是巩固拓展脱贫攻坚成果同乡村振兴有效衔接工作稳步推进的一年，公司围绕"三落实一巩固"工作方针，持续强化党建引领，严格落实"四个不摘"，加强定点帮扶后盾保障、深化各项帮扶工作，积极推动各类电网投资落地，持续提升农村电网供电服务质量，助力乡村清洁能源建设，获得各级政府部门高度评价，公司乡村振兴工作各项指标均位居全省前列。

大道至简，实干为要。2023 年，公司将持续强化各项涉农配套政策落实落地，高质效完成电网配套建设任务；强化基层乡所党组织建设，持续抓好基层乡所网格化、落地落实"枫桥模式"；优化基层党员示范岗，加强规范电力服务"雷霆"力度，全面优化农村供电质量管控；全面开展党员服务队助力乡村电气化工作，持续落实光伏扶贫电站电量监测"监测、预警、报告、服务"四到位机制、机井通电"五到位一确保"机制，助力农村清洁能源推广、扛牢粮食安全责任，全面深化基层党组织服务乡村振兴工作。

项目完成人：王　敏　王威力　胡亚琦

发挥"三个一"示范引领效应
推动企业文化在基层落地深植

国网济源供电公司

一、实施背景

2022年，国网济源供电公司聚焦"一体四翼"发展布局和国网河南省电力公司"大而强"目标，结合企业文化落地要求，坚持示范引领、文化制胜，创新实施企业文化"三个一"示范引领项目，即选取一个变电运维班组，打造一个思想文化建设示范班；选取一个基层供电所，打造一个服务窗口示范所；选取电力调控中心，打造生产调度专业的思想文化建设示范党支部。通过以点引线、以点带面，用"三个一"建设辐射带动企业文化在基层落地深植，有效发挥文化软实力，突出文化凝聚力，用实文化推动力，增强文化穿透力和感染力，为公司和电网高质量发展注入强劲动能。

二、实施内容

（一）工作思路

以践行国家电网有限公司企业文化为主线，聚焦国家电网有限公司战略落地、国网河南省电力公司发展目标，结合文化登高任务和基层文化需求，实施"三个一"文化建设示范项目，以"点"的建设带动"线"的提升、促进"面"的质变，用文化的力量推动公司和电网发展迈上新台阶，更好地服务经济社会发展和人民群众追求美好生活的用电需要。

（二）具体措施

1. 站位全局精心筹划，科学选定文化示范项目

国网济源供电公司从具有中国特色国际领先的能源互联网企业中，找准建设"强而优、强而精"济源电网的坐标定位，精心谋划企业文化建设和示范项目实施工作。

（1）**以学为先，统一思想认识**。利用党委理论学习中心组和基层"三会一课"、主题党日、班组课堂等方式，组织党员干部和广大员工学习《国家电网有限公司企业文化建设工作指引（2022）》，紧密结合公司近年来文化融合、文化实践、文化赋能的典型做法和取得的成效，深化对企业文化建设的认识，统一思想、凝聚共识。

（2）**集思广益，明确工作思路**。针对个别基层单位不同程度存在的文化穿透力不强、融合度不高、感染力不够，以及文化阵地标准偏低、开展活动单一等方面的短板或不足，组织企业文化建设领导小组成员单位和基层班站长座谈，深入剖析症结，广泛听取意见，集思广益提出"建点、联线、成面"理念，提出"三个一"示范建设思路。

■ 深化"两逐一提"专项行动，细化措施、完善机制，促进文化登高与党建登高同向并进

（3）**精心谋划，确定试点项目**。公司利用开展的"两

逐一提"专项行动,在逐支部问诊、逐支部规范、推动基层党建提质登高中,把文化登高作为重点,先后到 33 个党支部调研,通过"充分听建议、实地看情况、反复做研究"方式,面向电力调控、电网运维、营销服务三个业务面,综合考虑基础环境、文化氛围、有利于活动开展等因素,各确定一个企业文化示范项目,分别是电力调控中心党支部、郊区供电中心轵城供电所党支部、变电运检中心党支部运维监控党小组,明确各自的工作责任和承担任务,为下步工作开展奠定基础。

2. 分类施策抓好建设,一点一策打造文化精品

公司党委把建好文化示范项目摆在突出位置,按照分类施策、精益求精、保证质效,做好人力物力支撑,推动文化项目高质量建设。

(1)**学习借鉴,积极拓宽视野**。党委党建部牵头,组织示范项目单位对国家电网有限公司企业文化再学习、再认识,结合部门愿景、班组愿景广泛表达需要展示的内容和表达的意愿。同时,组织人员到郑州 500 千伏变电站等参观学习,增长见识、开阔视野,增强人文思维的活跃性和发散性。

(2)**结合实际,精心做好设计**。围绕文化阵地现状、基层党的建设、专业工作性质、从事业务特点、一线班组愿景、员工文化生活等,"一点一策"制定建设方案和实施计划,协同相关设计单位制定平面图、效果图、施工图,持续优化改进,形成程序合规、设计规范的项目建设文本。

(3)**深化协同,提高建设标准**。公司严格按照项目文本和技术工艺,明确时间节点,加强安全管理和质量管

■ 组织员工参观文化阵地,增强企业文化向心力和凝聚力

控，确保文化项目依照时限高标准完成。其间，改造文化阵地 3 个，制作文化墙 25 个，建成文化长廊 3 个，制作文化板块 155 个，形成了文化气息浓厚、特点特色鲜明的文化示范项目。

3. 切实做好优化改进，增强文化项目建设质量

公司持续优化改进文化项目，以增强实践化、成果化为目标，提升文化项目的质量和效果。

（1）**注重美感，突出观赏性**。按照层次分明、图文并重、简洁明快、赏心悦目的理念，从基础造型、艺术设计等方面，对每个版面、每个文化内容精雕细琢、优化改进，提高文化设施观赏性，增强文化内涵吸引力。

（2）**注重质感，突出说教性**。围绕国家电网有限公司企业文化体系和文化示范项目单位专业特点，按照故事性、教育性、意义性并重的原则，对文字、图片内容与时俱进做好更新更换，以此提高文化内容的说服力，为教育引导员工从文化中汲取力量、激发创业热情奠定基础。

（3）**注重动感，突出实效性**。坚持企业宗旨、公司使命、公司定位、企业精神与文化示范项目单位日常业务工作相结合，聚焦安全生产、电网发展、电力保供、优质服务、助力"双碳"目标、服务乡村振兴等重点任务，分类制作形象片或微视频，在文化示范点展播，或利用微信平台推送，动态展示工作业绩，增强文化建设实效性和观看者的情感认同、价值认同。

4. 积极搭建传播平台，引导员工坚定文化自信

公司利用"三个一"示范引领项目，积极搭建文化传播平台，促进企业文化入脑入心，推动基层文化繁荣。

（1）**顺势而为，接受文化熏陶**。以所属业务领域或部门、专业为单位顺势而为，组织党员干部和员工到文化示范点观摩，感受文化气息，接受文化熏陶，提升文化素养，用文化教育人、感染人、鼓舞人、激励人。

（2）**借势发力，加强文化建设**。公司以此为契机，引导各领域、各

■ 加强班组交流学习，引导员工增强文化自信

部门和支部借势发力，以文化示范项目为参照，加强自身各个文化阵地建设，先后优化完善其余 31 个支部和 50 个一线班组的企业文化阵地，形成全覆盖格局，促进企业文化传导到最末梢，穿透到最基层，促进文化发展繁荣。

（3）**因势利导，坚定文化自信**。公司立足"三个一"示范点建设，结合各单位企业文化阵地建设成果，采取"三会一课"、主题党日、班组座谈、青年论坛等方式，组织党员干部和员工学习企业文化，领悟文化内涵，感悟文化魅力，引导大家坚定文化自信，从文化中汲取力量，筑牢团结奋斗的思想基础。

5. 发挥文化基础功能，促进企业文化落地深植

公司利用基层企业文化建设契机，突出企业文化的载体功能、教育功能和推动发展功能，促进企业文化内化于心、外化于行，确保企业文化在基层落地深植。

（1）**丰富载体，促进入脑入心**。以"三个一"为示范引领，结合基层企业文化阵地，先后开展"文化赋能助发展，我为企业做贡献""践行宗旨我先行，为民服务站排头""创造良好业绩，电亮美好生活"等主题讨论和演讲比赛、书画创作等活动 13 次，促使文化根植内心，激发奋斗热情。

（2）**聚焦重点，促进融合赋能**。围绕电力调控、生产经营、营销服务等重点任务，利用文化阵地开展"初心与使命"思想交流、"安全与发展"主题研讨等活动，引导党员干部和广大员工牢记企业宗旨，担负企业使命，弘扬企业精神，将文化融入实践，在平凡的工作中推动企业文化具

■ 组织员工积极践行优秀企业文化，主动服务客户，树立企业形象

体化、成果化。

（3）**以上率下，促进厚植生发**。大力实施"党建＋安全生产""党建＋营销服务"等"10+3党建"工程，并加强共产党员服务队建设，让党员在践行宗旨、服务群众中走在前、干在先，让企业文化的建设应用成果汇聚成推动发展的坚强合力，促进公司和电网高质量发展，满足人民群众美好生活需要。

三、实施成效

（1）**汇聚了发展合力**。公司利用企业文化项目建设，发挥"三个一"示范引领效应，促进了基层文化繁荣，营造了浓厚文化氛围，让文化成为凝聚人心、服务大局的持久力量，为公司全年260项重点工作目标全面实现提供了有力支撑。

（2）**推动了提质增效**。公司把文化建设成果与中心工作紧密融合，紧盯重点指标和关键环节，引导党员干部和广大员工弘扬努力超越、追求卓越的企业精神，推动重点工作实施、难点工作突破、关键指标提升。公司安全局面持续稳定，供电服务质量持续提升，

■ 围绕文化聚力、文化赋能，组织员工深化便民服务，在助力乡村振兴、守护粮食安全中践行优秀企业文化

电费回收、综合线损率、售电均价、目标利润等重点指标居全省前列。

（3）**树立了服务形象。**公司将企业文化与供电服务紧密融合，把"人民电业为人民"的企业宗旨具体转化为广大干部员工的实际行动，高质量完成 690 个新能源并网、35 个老旧小区改造电网建设、101 项农村电网补强、1.52 万亩高标准农田电力配套、20 个休闲旅游村庄电网完善等工作，先后开展便民服务 3200 多次，受到社会各界广泛好评。

四、分析与思考

加强企业文化，厚植文化理念，对于促进企业高质量发展具有独特优势和巨大作用。我们深刻认识到：企业文化重在建设，只有以《国家电网有限公司企业文化建设工作指引（2022）》为遵循，结合自身实际，创新思维、积极建设，才能打造出具有特色的文化精品；通过示范带动推动文化建设整体提升，取得了积极成效，为今后更高水平开展企业文化建设开辟了路径。企业文化要在融合，只有与中心工作、重点任务相融合，企业文化才能焕发勃勃生机，转化成深沉、持久的力量，进而推动价值创造，成为高质量发展的鲜活引擎。企业文化贵在落地，只有将企业文化与人民群众美好生活需要相结合，才能让企业文化的功能在落实上级重大决策中贯通到基层、体现在一线，在助力经济发展、服务社会民生中落地深植，从而将文化建设优势转化成高质量发展优势。

项目完成人：王正钊　王明晓　李建国　黄　凯

邵星星　李雅笛　赵伟杉

奏响"1234"主旋律
凝聚团结奋进"心"力量

国网河南经研院

一、实施背景

2022 年是党的二十大召开之年，是"十四五"规划承上启下的关键一年。当前，随着能源电力转型不断深化、新型电力系统加速构建、国企改革三年行动即将全面收官，多重任务、创新元素与现实约束交织碰撞，新形势新任务对加强思想政治工作提出了新挑战。同时，经研院员工年轻、高知、思维活跃，且普遍面临着工作任务重、生活节奏快等多重压力，需要更加关注员工职业生涯发展、自身价值体现、身体心理健康等多层次需求，这些都对我们提出了新要求。

作为服务公司和政府决策的能源互联网咨询研究机构，如何将党的二十大作出的决策部署落实在行动中，进一步发挥党建引领作用，创新思想宣教载体，强化意识形态引导，激发队伍活力，为企业高质量发展凝心聚力，是时代赋予经研院的重要课题，也是下一步的工作重点。为此，经研院探索畅通员工思想教育引导实施路径，多措并举，奏响"1234"主旋律，凝聚团结奋进"心"力量。

二、实施内容

（一）工作思路

以习近平新时代中国特色社会主义思想为指导，将深入学习贯彻党的二十大精神作为首要政治任务，全面贯彻落实省公司党委各项工作部署，围绕提升思想政治工作质效"一个中心"，建设党支部书记、专兼职党务工作者"两支队伍"，完善党政工团一体化协同联动、思想动态分析闭环管理、青年员工职业发展路径定制分析"三项机制"，用好"网、微、屏、墙"宣传载体、国网工匠创新创效工作室、党外代表人士建言献策工作室平台载体、"区、岗、队"先锋引领载体、"经彩研华"文化载体"四个载体"，动员全院干部员工为加快建设具有中国特色国际领先的能源互联网企业凝聚智慧力量，为支撑公司实现"大而强"目标交出精彩的答卷。

（二）具体措施

1. 围绕"一个中心"

深入贯彻落实中共中央《关于新时代加强和改进思想政治工作的意见》，将党的思想政治工作理论方针政策纳入院党委理论学习中心组专题学习，深刻把握新时期思想政治工作的目的和意义，紧紧围绕提升思想政治工作质效这个工作中心，把思想政治工作同经研院中心工作、企业文化建设等工作有机融合，持续调动广大干部员工的积极性、主动性和创造性，凝聚同心同向、众川赴海的奋进力量。

2. 建设"两支队伍"

（1）建强党支部书记、专兼职党务工作者队伍。突出"三懂三过硬"要求，选优配强党支部书记和专兼职党务人员。确保党支部书记全员培训，增强履职能力。结合发现问题编发典型问题清单，开展党务人员专题培训，组织专兼职党务人员以案促学，以学促行。同时注重发挥党务队伍宣传员和引导员作用，压紧压实思想政治工作责任，及时发现倾向性苗头性问题，为员工答疑释惑、提振精神。

■ 经研院开展心理辅导讲座

（2）**建好心理咨询师队伍。**发挥院心理咨询师队伍专业优势，制定实施职工心理援助计划（EAP），帮助员工缓解心理压力、塑造阳光心态。以个体帮扶与集体辅导相结合的形式，邀请国家二级心理咨询师定期坐诊，为员工进行一对一、面对面心理帮扶。运用线上、线下多重载体，开展职工心理健康大讲堂，引导员工正确面对挫折压力，保持健康阳光心态。疫情期间开展"我们在行动"系列线上活动，开启线上心理援助热线、诉求征集通道，帮助员工纾解焦虑情绪，凝聚抗疫信心合力。

3. 完善"三项机制"

（1）**完善党政工团协同联动机制。**发挥党建引领作用，立足队伍特点创新宣教形式，开展"喜迎二十大　永远跟党走"系列活动，七一前夕组织全体党员唱响同一首歌《没有共产党就没有新中国》，观看情景党课《伟大征程》，集体过"政治生日"，推出"两优一先"风采事迹展，相关内容被河南日

■ 经研院开展迎七一活动

报报道。发挥工会组织桥梁纽带作用，聚焦职工关注的焦点问题，全力以赴为职工办好实事，传递关爱精准慰问职工千余人次，共建和谐"经研家园"。坚持党建带团建，发挥经研院人员年轻的优势，开展"植"此青绿植树节活动，传承环保理念，培养文明行为习惯。

（2）完善思想动态分析闭环管理机制。 构建院党委牵头抓总、业务部门协同配合、基层支部反馈落实的员工思想动态分析工作格局，通过思想动态调研、意见建议征集、院长联络员座谈等多种途径，主动把脉员工队伍思想动态，形成员工思想问题快速感知、迅速处理、及时反馈的高效闭环。以"常态调研＋专项调研"相结合的方式，定期开展常态调研，围绕喜迎党的二十大、青年员工精神素养与职业发展需要等主题开展专项调研，针对性做好不同群体思想引领和教育引导。

（3）青年员工职业发展路径定制分析机制。 持续深化青年员工职业发展指导机制，制发《青年精神素养提升工程工作方案》，开展青年员工集中培训，帮助青年员工在思想上、精神上、作风上、工作上齐头并进，快速成长。常态化开展谈心谈话，召开"五四"青年座谈会，帮助青年员工培养正确价值观和职业发展规划，激励青年员工将自身发展融入企业发展脉搏，为经研院发展贡献智慧力量。深度参与省公司"豫电青马"专项行动方案编制，支撑公司与国网能源院青马联合培养协议制定，搭建国家电网有限公司系统首个青马交流平台，作为河南公司唯一代表在"青马论坛"作主旨报告。

4. 用好"四个载体"

（1）用好"网、微、屏、墙"宣传载体，放大融媒体宣传效能，巩固意识形态高地。 深入开展理想信念和形势政策宣教，扩展学习宣传载体，打造"网微屏墙"传播矩阵。在院网站、微信公众号开辟"专题专栏"，发布飘窗图文，制作立屏展板、电脑屏保，在电梯井、办公区悬挂标语，迅速传达党中央精神，宣传上级决策部署，形成全员学、时时学、

■ 经研院以微信推送、立屏展板、电脑屏保等多种形式开展党的二十大精神宣贯

处处学的浓厚氛围。今年以来，经研院学习宣贯党的二十大精神特色亮点在《河南日报》《大象新闻》《猛犸新闻》等媒体平台宣传报道。

（2）用好国网工匠创新创效工作室、党外代表人士建言献策工作室平台载体，营造全员创新创效良好氛围。建成白宏坤工匠创新创效工作室，创新采用数字化、信息化技术，努力将工作室打造成为院科技创新"推进器"和人才培养"孵化器"。高效推进党外代表人士建言献策工作室试点建设，明确建设要求，制定调查研究、学习交流等工作机制，鼓励统战成员积极为企业发展建言献策，参与审议经研院各类重大事项和规章制度，以及福利采购、职工疗养、评先推优等涉及职工切身利益的事项，充分激发统战成员参与民主管理的积极性、主动性和创造性。

（3）用好"区、岗、队"先锋引领载体，发挥党支部战斗堡垒作用和党员先锋模范作

■ 经研院建成国网工匠白宏坤创新创效工作室

■ 经研院开展优秀党员责任区、党员示范岗评选工作

用。坚持"党建搭台、业务唱戏"，深入贯彻落实党中央关于能源革命、碳达峰碳中和、乡村振兴等重大决策部署，聚焦提质增效、安全生产、科技创新等专业领域，深入实施"双＋"工程，创建年度党员责任区 12 个，党员示范岗 20 个，强化 1 支焦裕禄共产党员服务队和 4 支党员突击队建设，号召各基层党组织和全体党员在服务新型电力系统建设、"双碳"研究、能源大数据中心建设等重点工作中勇担重任、冲锋在前，充分发挥先锋模范的引领作用。

（4）用好"经彩研华"文化载体，号召全院干部员工听党话、跟党走，凝聚爱党、信党坚定力量。制定职工活动"二十四节气表"，以 11 个文体协会为依托，全年开展线上新春嘉年华、喜乐元宵会、"最美"女工系列活动、"人间四月天 读书莫等闲"世界读书日系列活动、职工子女教育交流分享及亲子手工活动、第九套广播体操比赛、中秋茶艺、毽球

■ 经研院开展茶艺活动

比赛等各类活动 10 余项，打造升级版职工书屋，丰富职工文化生活，提升职工幸福指数。

三、实施成效

（1）**责任担当全面彰显**。"1234"主旋律全面奏响进一步强化了广大干部员工对国家电网有限公司战略目标和经研院发展愿景的认同感，激发了忠诚履职的使命感责任感，感召引导全院员工在服务新型电力系统建设、兰考农村能源革命试点、能源大数据中心建设等工作中主动担当、积极作为。兰考农村能源革命试点经验得到国家电网有限公司主要领导批示肯定，创新推出工业用电指数，通过省政府新闻办专题发布，分月指数专报获省政府领导批示。

（2）**队伍活力全面激发**。"1234"主旋律进一步增强了队伍凝聚力向心力，实现了"1+1 > 2"效应，为奋力建设国内一流的能源互联网咨询研究机构凝聚强大动能。经研院先进集体和员工先后荣获国家电网有限公司劳动模范、国网河南省电力公司电网工匠、河南省侨界贡献奖、郑州市工人先锋号、巾帼标兵岗等多项荣誉。经研院继续保持国家电网有限公司文明单位称号，获评国网河南省电力公司文明单位标兵、国网河南省电力公司"五四红旗团委"。

四、分析与思考

（1）**坚持政治统领是前提**。要始终坚持把党的政治建设摆在首位，坚持不懈用习近平新时代中国特色社会主义思想凝心铸魂，方能确保企业始终沿着党中央指引的方向前进，引导干部员工以实际行动坚定拥护"两个确立"、坚决做到"两个维护"。

（2）**发挥基层党组织作用是基础**。要充分发挥基层党组织战斗堡垒作用，发挥党务人员"宣传员""引导员"作用，全面掌握了解员工思想动态，及时加以正确引导。

（3）**完善一体化协同机制是保障**。要构建由党委主导、相关部门牵头、群团组织协同、全员共同参与的党政工团一体化协同工作机制，确保权责明晰、分工合理、管理科学、运行高效。

项目完成人：冯政协　张翼霄　刘晓薇　鲁昭男

打好"三张牌"
让电力铁军智师精神绽放时代新光

河南送变电公司

一、实施背景

当前，电网建设、运维检修、应急抢修压力持续增强，为了充分发挥党支部战斗堡垒作用和党员先锋模范作用，推动电网建设和运维检修高质量完成，为建设具有中国特色国际领先的能源互联网企业提供强大动能，河南送变电公司紧紧围绕企业核心业务，开展"打好'三张牌'，让电力铁军智师精神绽放时代新光"思想文化重点项目实践，旨在以卓越文化助力企业高质量发展，引导党员干部在电网建设、运维检修、应急抢修、重要保电等任务中攻坚克难、争当先锋、争做表率，助力企业实现高质量发展。

二、实施内容

（一）工作思路

2022 年，河南送变电公司党委坚持以习近平新时代中国特色社会主义思想为指导，深入学习宣传贯彻党的二十大精神，着力将党的思想融入到企业文化建设，将企业文化融入公司发展、队伍建设、生产经营等任务中，做到继承和创新相结合，打好"组合拳"，不断推动企业文化与企业发展同频共振，为推动国家电网有限公司"一体四翼"发展布局落地、实现"大而强"目标增添动力。

（二）具体措施

1. 打好"政治引领牌"筑同心

（1）**抓实理论武装，凝聚思想共识。**坚持把学习贯彻习近平新时代中国特色社会主义思想作为首要政治任务，将学习习近平总书记最新重要讲话精神和指示批示精神作为党委会"第一议题"和党委理论学习中心组重点学习内容。依托"三会一课"、主题党日、党员培训等载体，打造"线上＋线下"双课堂，开展理论学习 350 余次，持续筑牢理想信念根基。分层分级组织学习宣传贯彻党的二十大精神，在公司公众号开设"聚焦二十大 学习正当时"专栏，引导广大党员将思想和行动统一到党的二十大精神上来。

■ 河南送变电公司一线党员员工在河南开封东 500 千伏输变电工程现场会议室共同观看党的二十大开幕会

（2）**抓实教育引导，凝聚战略共识。**利用电子屏、展板等形式，推动国网价值理念体系在公司办公楼、施工现场、项目驻地等重点场所全覆盖，在潜移默化中将国网精神、企业宗旨、公司使命深深根植于思想中、落实到行动上。在公司网站、公众号开设"非凡十年"专题，回顾党的十八大以来公司在电网建设、运维检修、装备研发应用等方面的成就。组织"我们这十年"主题征文，举办"青春汇聚力量 强国复兴有我"演讲比赛，引导员工把个人目标与企业发展紧密结合，激发干事创业正能量。

（3）**抓实组织建设，凝聚创新共识。**深入开展党建"双+"（"党建+""党员+"）工程，在白江线、白浙线、南荆长等重点工程独立或联合业主成立临时党组织 39 个。大力实施"三学三强"党员素质提升工程，举办 2 期 237 人线上党员示范培训班，持续打造思想过硬、作风优良、专业扎实的优秀党员队伍。创新"5+1+X"主题党日模式，固定"交纳党费、奏唱国歌、重温入党誓词、诵读党章、学习党规党纪"五项规定动作，明确一次专题研讨或实践活动，鼓励做实读书沙龙、过政治生日等"X"个自选动作，有效增强了党内组织生活的仪式感。

■ 公司举办学习贯彻党的二十大精神专题培训暨 2022 年党员教育培训班

2. 打好"品牌创新牌"强信心

（1）**突出文化特色，在推动阵地建设上永葆活力**。在重点项目、运维一线，开展"电网一线党旗红，共产党员争先锋"活动，通过深化"激发细胞活力，筑牢组织体系"1种工作理念，实施"党员+"4项重点工程，开展"夺旗·争星"1个专项行动，实现"高质量电网建设、运维检修"1个工作目标，激发基层党组织战斗堡垒作用，激励广大党员真抓实干、创先争优。利用网络平台，打造党务知识直播课堂、"青年读党史"等网课品牌，不断提升广大党员员工综合素质，激发爱岗敬业、担当奉献的热情。

（2）**形成文化品牌，在推动文化传播上永葆活力**。加强品牌传播，熔铸铁军精神，着力打造符合送变电特色的文化精品。制作的歌曲MV《你曾是少年——豫送特别版》在新华网、央视频、电网头条等媒体展

■ 公司举办"铭誓言 忆初心 喜迎二十大"主题活动

■ 公司青年突击队鏖战澜沧江—波密 500 千伏线路工程

播，参与拍摄的白浙特高压跨越清江施工视频在央视财经频道《大国建造》栏目直播，图片《跨越青江》在《人民日报》《中国电力报》等发表并在国家电网有限公司 Facebook、Twitter 等账号刊发，展示了国家电网责任央企的良好形象。

（3）**凸显文化内涵，在推动传承创新上永葆活力**。常态化抓好理想信念教育，引导员工从伟大建党精神、红旗渠精神、焦裕禄精神等精神谱系中汲取思想伟力，赓续公司 64 年来在电网建设、重大保电、抢险救灾等急难险重任务中积淀而成的优良传统，不断用优秀文化锻造职工队伍，汇聚干事创业精神力量。扎实推进青年精神素养提升工程，激励青年学习劳模精神、工匠精神，将精神力量转化为推动企业基业长青的硬实力。

3. 打好"暖心服务牌"暖人心

（1）**在服务职工群众中精准发力**。开展"我为群众办实事"实践活动，认真落实女职工"四期"保护及健康体检、妇科普查工作，用心用情维护女职工权益。开展"夏送清凉"等慰问活动，深入基层走访慰问职工，把公司的关怀及时送到广大职工身边和心里。开展"心理关爱进班组"EAP活动，进一步加强职工心理疏导和人文关怀。承办省电力公司豫中二片区职工网球、牌类比赛等赛事，丰富职工体育文化生活，切实增进职工的获得感和幸福感。

（2）**在服务人才培养中精准发力。**结合青年精神素养提升工程，与安阳公司"结对共建"，开展超特高压线路运维技术交流座谈，搭建学习提升平台，组织青年到河南青年运动历史展馆参观学习，厚植爱党爱国爱社会主义情感。举办"青春汇聚力量　强国复兴有我"演讲比赛，为青年员工提供展示风采的机会，满足自我价值的实现。精心组织开展"五个一"迎新系列活动，帮助新员工快速融入企业，提升归属感、认同感。

（3）**在开展志愿服务中精准发力。**持续开展电力雷锋光明行活动，

■ 到 1000 千伏驻马店—武汉特高压工程开展"夏送清凉"慰问

让雷锋精神绽放时代光芒。推进焦裕禄共产党员服务队建设，围绕重大保电、联防联创、社会公益等方面，开展进社区、进企业、进乡村、进校园、进现场"五进"针对性服务，推出热心、真心、精心、诚心、爱心"五心"特色服务，持续提升优质服务水平，把爱和温暖通过上门走访、日常宣传、电话服务等方式传递给群众，擦亮文明实践品牌特色。

三、实施成效

（1）**提升了队伍凝聚力**。用优秀企业文化凝聚人、塑造人、鼓舞人，锻造出了一支有情怀、有梦想、有能力、有担当的高素质电网建设运维队伍。公司持续保持全国安康杯优胜企业称号，蝉联省电力公司文明单位标兵，1 名同志荣获全国安康杯先进个人，2 名同志分获郑州市"五一劳动奖章"和"最美职工"称号。

（2）**提升了企业战斗力**。2022 年，公司顺利完成了白江、白浙、南荆长等建设任务，保障了驻武、信阳金牛等电网建设项目的有序推进。圆满完成陕武线、陕瀍 I 线、汉郑线等抢修抢险和迎峰度夏、"五站二十二线"年度检修、党的二十大保电等急难险重任务，保障了河南省内主网的安全稳定运行。公司 2 项工程获"国优"，一项 QC 成果获中施企协一等奖，公司获评国家电网有限公司重大电网工程建设先进集体、党的二十大保电工作先进集体。

（3）**提升了发展向心力**。公司在重点攻坚任务中的特色亮点、工作成效和先模人物事迹，在央视、人民网、河南日报、河南电视台等主流媒体持续报道，形成良好的正面品牌宣传效能。同时，通过"我为群众办实事"实践活动、"送文化到基层""节日送温暖"等慰问活动，有效增强了职工的归属感和向心力。

四、分析与思考

实践证明，做好思想政治工作和厚植优秀企业文化是支撑企业乘风破浪、砥砺前行的强大精神力量，是助力企业发展不可或缺的制胜法宝。我们要在推动电网高质量建设、保障电力安全可靠供应中持续打造文化特色、形成文化品牌，不断将文化优势转化为公司创新优势、竞争优势和发展优势。

下一步，公司将继续把牢思想政治工作"生命线"，用好企业文化工作"原动力"，不断提升公司企业文化软实力，积极探索形成具有新时代特征和电力行业特色的文化宣传品牌，凝聚强大力量、释放无限潜能，增强广大干部员工建设具有中国特色国际领先的能源互联网企业的责任感和自豪感，为助力企业高质量发展贡献新的智慧力量。

项目完成人：宋晓磊　孟祥勃　韩鸣明　王琳琳　郭明轩

构建"三维度"特高压文化
强化青年思想引导　凝聚磅礴奋进力量

国网河南直流中心

一、实施背景

党的二十大报告提出，全党要把青年工作作为战略性工作来抓。国网河南直流中心紧密围绕国家电网有限公司"一体四翼"发展布局、省公司"一二二"总体思路，结合特高压运检工作实际，明确了坚持文化引领，凝聚全员发展力量的特高压文化建设目标与方向，实施《构建"三维度"特高压文化　强化青年思想引导　凝聚磅礴奋进力量》思想文化建设项目，不断把思想文化工作优势转化为推动中心高质量发展的强大动力。

二、实施内容

（一）工作思路

针对直流中心员工年龄结构"二八开"（90 年之前的员工占两成，90年之后的员工占八成）、工作年限"五五开"（工作三年以上和三年以下的员工各占五成）的特点，以党建文化作为特高压文化的底色和基础，不断丰富思想文化工作内涵，引导青年员工释放内在动能、激发奋斗热情，在"中心高质量发展、队伍高素质建设、员工高品质生活"新征程中建功立业。

（二）具体措施

1. 构建"三维度"特高压文化

（1）**精神维度：传承红旗渠精神、做新时代愚公，为美好生活充电、为出彩中原赋能**。直流中心将深刻领会习近平总书记视察安阳重要讲话精神与学习宣传贯彻党的二十大精神统筹结合，深入挖掘红旗渠精神、愚公移山精神时代价值，传承"自力更生、艰苦创业、团结协作、无私奉献"为核心的红旗渠精神，带领全体员工爬坡过坎、攻坚克难；深入分析中心面临的形势，针对特高压技术含量高、人才培养周期长的特点，引导员工要立下愚公移山之志，争做新时代电网生产一线的"愚公"；结合习近平

■ 重温入党誓词

总书记寄予河南"在中部地区崛起中奋勇争先，谱写新时代中原更加出彩的绚丽篇章"的殷切期望和国家电网有限公司的企业使命，明确"为美好生活充电、为出彩中原赋能"的工作目标。

（2）理念维度：秉持"专业专注，干净担当"的理念。直流中心负责运维全国第一个背靠背换流站、世界首条特高压交流示范工程、第一个"双800"特高压直流输电工程、第一个专门输送清洁能源的"四同"特高压交直流合建站，首台首套设备多、技术密集度高、专业覆盖广，在电网连锁故障机理、设备制造材料工艺、控制保护底层原理等方面研究还有很长的路要走，必须专业专注、锲而不舍；中心目前仍处于成立初期，员工年纪轻、业务骨干少，制度体系机制仍需健全完善，生产经营管理过程中需要主动担当、高效协同，弥补管理上的不足，营造"干事、干净"的良好氛围，逐渐形成了"专业专注，干净担当"的工作理念。

■ 国网河南电力"五站二十二线"2022年度检修开工仪式

（3）**意识维度：树牢"主人意识、责任意识、服务意识"**。直流中心所辖各站是河南电网的重要枢纽，肩负着为河南省经济社会发展和全省4100多万电力客户提供可靠电力保障的重要任务。特高压站内单台设备价值极高、绝缘油总重一万吨，必须建立"主人翁"观念，以强烈的责任感看好设备。针对骨干少、人员结构年轻的特点，深入开展"文化铸魂、文化赋能、文化融入"专项行动，引导全员树牢"主人意识、责任意识、服务意识"，扛起运维好特高压电网的使命，为实现碳达峰碳中和目标贡献力量。

2. 以特高压文化强化青年思想引导，助力成长成才

（1）**注重技能淬炼，练就"宽肩膀"与"真本领"。**

注重实战勇担当。 组织青年承担年度检修、度夏保电、隐患治理、应急抢修、疫情防控等急难险重任务，以特高压运检一线为主战场，切实打

■ 组织青马骨干在豫南换流站年度检修现场帮扶支援

通实践实战转化通道，助力青工个人能力提升。

突出帮扶显本领。择优遴选青马骨干赴各特高压站年检现场帮扶支援，"以干促学"带动青工专业技能提升，强化核心班组建设，为特高压人才梯队形成打下坚实基础。

强化交流促提升。发挥青马骨干自身专长，在年检总结会上进行总结分析，通过理念碰撞、技术交流、经验分享等方式，加速提升青马骨干的管理、技术等专业能力，着力打造一批德才兼备、全面发展的青马精英。

（2）着眼学深悟透，统筹"追光"与"育穗"。

用好红色资源。组织团员青年就近就便赴竹沟革命纪念馆、愚公移山教育学院等红色教育基地开展"青春红色寻访行动"，通过沉浸式教育进一步厚植爱国情怀，坚定青工理想信念。

突出实景教学。探索开展青马研学社的多种形式，红色教育期间邀请

■ 赴小浪底爱国主义教育基地开展青春红色寻访行动

■ "喜迎二十大　永远跟党走　奋进新征程"青年座谈会

青马骨干开展"实景"团课，以建团百年奋斗史持续增强青工对特高压辉煌发展史的认同感、归属感。

注重示范带动。发挥好"青年讲师团"作用，利用青年座谈会，邀请先进典型走进青年集体讲好精神素养提升课，以个人奋斗史引导青工全面立体感悟特高压精神内涵，持续增进对"青春凝聚党旗下、岗位建功特高压"的责任感、使命感。

（3）围绕岗位建功，协同"蓝海"与"添彩"。

突出创新显优势。"因站制宜"组建由青马骨干为主的青创团队，围绕"双碳"、构建新型电力系统等前沿课题定期开展青创座谈活动，激励青年提升自主创新能力，营造创新创效浓厚氛围，1项科技创新成果荣获省公司第35届QC成果竞赛一等奖。

强化建功保安全。围绕防汛、抗疫、年度检修、迎峰度夏等重点工作深化"青年身边无违章"活动，发动青马骨干在特高压运检一线主动担当、积极作为，示范带动青年生力军作用发挥，牢牢守住安全生产"生命线"。

坚持服务树品牌。深化"电力雷锋光明行·青春献礼二十大"青工志愿服务活动，通过系列志愿服务，持续扩大活动覆盖面，提升品牌效应。

三、实施成效

1. 队伍建设迈上新台阶

组建内部培训师团队，利用豫南站套管抢修、南阳站高抗返厂等现场理论实践机会，开展 184 人次自主化培训。编制完成 15 册培训教材、2.8 万项题库和国网系统近三年异常事件案例汇编，推进培训内容精准化、标准化。在国网省级运检单位中，率先建成 6 个具备"诊断、验证、研究、培训"功能的特高压核心设备实验室，"平战结合"加速员工复合能力提升。中心获评全国"安康杯"竞赛活动优胜单位、河南省"五一劳动奖状"、国家电网有限公司"党的二十大保电先进集体"、省公司"文明单位"等荣誉称号，1 名青年获聘省公司级高级专家，1 人推荐为国家电网有限公司级青年人才托举工程人选。

2. 创新创效激活新动力

坚持改革创新双轮驱动，推进全业务核心班组数字化转型，逐步实现"一站式"运检作业服务，有效降低出错风险。《基于外电入豫能力提升的特高压运检管理体系构建》以第一名的成绩荣获省公司管理创新一等奖，《阀塔层间 PVDF 冷却管路专用检修工具套装研制》获得省公司 QC 一等奖，深度参与 3 项国家电网有限公司企业标准制定，6 项发明专利和 13 项实用新型专利被受理。首次承担国家电网有限公司公司科技项目，与清华大学联合攻关新型 IGCT 换流技术前沿课题。特高压二次系统智能化检修典型经验被国家电网有限公司《每日要情》刊登。

3. 平稳度夏发挥新效能

面对今夏多轮次高温大负荷、极端强对流考验，跨区直流首次连续21 天保持 1200 万千瓦以上高位运行，特高压电网在迎峰度夏电力保供中发挥关键作用。编制"一站一策"高温大负荷设备运维专项方案，圆满完成青豫直流首次三阀组满功率方式运行任务。发挥专业优势，积极建言献策，将豫西盈余电力反送西北电网，再迁回青豫直流支援豫南地区，有效缓解"豫西地区电力外送受限、豫南地区电力供给缺口"的紧张形势，保障省网电力可靠平衡供应。

四、分析与思考

（1）**要坚持实事求是。**坚持以贴近员工需求、专业融合、时代需要为基本原则，不断丰富项目实施的方式方法，提升思想文化建设与特高压运检工作的融合度，为推动企业高质量发展提供正确的价值引领和坚强的思想保证。

（2）**要坚持示范带动。**大力挖掘项目实施过程中涌现出的先进典型并分阶段、有目标地开展个性化宣传，达到最佳价值输出效果，充分发挥先进典型"头雁效应"，示范带动广大员工在特高压运检一线奋勇争先。

（3）**要坚持总结提炼。**系统总结分析项目实施过程中形成的特色、先进工作方法，提炼升华为中心思想文化工作的典型经验，并针对广大员工工作、生活发展变化，动态完善措施、方法，常态化做好青年谈心谈话、精准画像等思想引导工作。

项目完成人：李应文　李　娜　冯珮琦　陈　豪　吴嘉欣

筑牢思想文化阵地
"三个引领"助推企业高质量发展

国网河南信通公司

一、实施背景

国网河南信通公司立足于"融合支撑"发展面临的新形势新任务，着眼于员工队伍思想作风锤炼和精神文化需求，同新型电力系统建设、数字化转型加速推进发展的要求存在不适应的现状，充分发挥思想政治工作统一思想、凝聚共识、鼓舞斗志、团结奋斗的重要作用，进一步筑牢思想文化阵地建设，满足职工思想文化需求，激发职工整体活力，为"融合支撑"省公司"大而强"发展目标提供正确的价值引领、坚强的文化支撑和强大的精神动力。

二、实施内容

（一）工作思路

国网河南信通公司坚持旗帜领航，突出思想引领、宣传引领和文化引领，深化思想文化阵地建设，通过思想与作风大讨论，强化思想文化宣传引导、建设职工家园"信通·家"，既建强"有形"阵地，为思想文化建设提供场所和平台；又丰富"无形"阵地，为思想文化建设注入活力和动力，让"有形"和"无形"相得益彰，把思想文化筑牢在广大干部职工心中，巩固共同奋斗的思想基础，团结凝聚干事创业的奋进力量。

（二）具体措施

1. 聚焦凝心聚力，开展思想引领"大讨论"

国网河南信通公司创新开展思想与作风大讨论，将思想政治工作贯穿于生产经营和队伍建设全过程，把思想的"盲点"和工作的"焦点"作为讨论的"热点"，以思想"破冰"引领行动"突围"。

（1）**系统谋划明方向**。以"1+3"（"怎么看"+"怎么干"）4个主题为工作主线，梯次递进、贯穿全年开展4期大讨论，每期三问，以答好"信通之问"，担好"信通之为"。第一期围绕"信通铁军"精神，统一"怎么看"的思想共识。后三期从履职尽责、格局担当、收获成长三个层次，汇聚"怎么干"的行动落实。通过"四个双一"工作措施（一讨论一复盘，一报告一清单，一目标一计划，一晾晒一评价）实现以思想触发行动、以行动带动思想的闭环。

（2）**统一思想聚合力**。以"关键少数"引领"全员覆盖"，采用"集中学习＋问题剖析＋交流探讨＋思想调研"多种形式相结合，实现公司领导到支部、再到全体职工的"三个全覆盖"。广大干部职工谈思考、谈差距、谈行动，凝聚了"政治过硬、勇于担当、业务精湛、作风顽强、知重负重"的"信通铁军"思想共识，有效激发解放思想、干事创业的热情。

（3）**见行见效促转化**。策划"我想·我说·我干"系列宣传，从员工视角亮思想、亮观念、亮行动，展示以思想转变推动工作落实的典型事例。评选"信通之星"，挖掘选树信通人眼中的担当之星、协同之星、履责之星，以身边事带动身边人，真正做到见人见事见思想、即知即改即行动，持续推动思想建设由"形入"到"行致"，由"形的覆盖"向"质的渗透"。

■ 思想与作风大讨论"1+3"工作主线

2. 聚焦正向激励，打造宣传引领"新高地"

国网河南信通公司牢牢把握正确的政治方向、舆论方向、价值取向，多层次、全方位、立体化讲好信通故事、讲好国网故事，营造团结奋进的浓厚氛围，激发创新创造的发展活力。

（1）**夯实思想政治根基**。精心做好党的二十大精神的学习宣贯，开设"三读"（关键词品读、金句大家读、热点全解读）网络学习栏目，推出"点、线、面"系列解读文章，全面、准确、深入宣传党的二十大精神的丰富内涵和核心要义，营造公司全体党员干部员工学习贯彻良好氛围。开展"微宣讲"，公司领导、部门党政负责同志、党员代表、劳模先进分层级、分层次谈体会、谈落实，切实把思想和行动统一到党的二十大精神上来。

（2）**对内营造向上氛围**。策划开展"信通十年"系列宣传，制作《十年锻造信通铁军》专题宣传片，举办"十年'信通铁军'路"主题展览，回顾公司奋斗历程,通过"奋楫争先"荣誉墙、"同心筑梦"签名台、"担当奋进"十年路和"流金岁月"观影区四个篇章,共展出 31 项荣誉奖牌、23 个科技奖项、800 余张照片、27 个视频,增强了不忘初心、砥砺前行的精神动力。

(3)对外彰显良好形象。聚焦构建新型电力系统、电力保供、数字化转型发展、党建引领等重点工作,开展专题宣传策划,充分展示公司和电网高质量发展成果成效和"信通铁军"良好形象,传播正能量、振奋精气神,不断激发职工岗位自豪感和荣誉感,强化思想认同、企业认同和价值认同。

3.聚焦赋能驱动,建设文化引领"信通·家"

国网河南信通公司倾力打造"信通·家"思想文化阵地,以"润心"陶冶情操、以"匠心"引领创新、以"暖心"凝聚温情,既建有形之家,更建无形之家,推动"硬"的活动场所与"软"的职工心灵共同升温,使思想政治工作在基层有抓手、能落地。

■ "信通家"润心之家——党员活动室

（1）立足"党建铸魂·文化润心"，建润心之家。设党员活动室、职工书屋两个功能区，党员活动室集合学习教育、活动交流及宣传展示等功能，搭建党员政治生活新阵地和展示党建成效新平台；职工书屋藏书六大类4000余册，集阅读、文化交流、艺术体验、休闲放松等功能，关注员工精神需求，打造文化新阵地。围绕学习宣传贯彻党的二十大精神，组织开展重温入党誓词、诗词诵读和主题读书等活动，以文化育人凝心，唱响引领职工永远跟党走主旋律。

（2）立足"专业专注·成就匠心"，建匠心之家。设创"e荟萃"女职工创新工作室、"零壹"劳模创新工作室、能源区块链应用技术实验室、青年职工创新工作室四个功能区，搭建"实验室＋工作室"协同创新平台，提供技术交流和仿真研究活动阵地，利用多层次人才的集聚优势和专业优势，传匠心、育匠人。开展劳模先进主题宣传、"致敬最美国网人"3期劳模大讲堂活动，大力弘扬劳模精神、劳动精神、工匠精神，营造创先争优、爱岗敬业的良好氛围。

■ "信通家"匠心之家——创新工作室

（3）立足"用心用情·蕴爱暖心"，建暖心之家。设职工健康小屋、爱心母婴室、职工诉求中心、心理关爱室四个功能区，提供健康指标监测仪器等硬件设施及心理咨询、压力调试、排忧解难等关爱服务，打造有温度的暖心阵地，全方位守护员工身心健康。举行"活力信通"系列运动会，提高身心健康，营造昂扬向上氛围。举办"阳光驿站"心理健康沙龙，采用线上讲座、问卷调查等形式了解职工心理状态，同时特邀心理专家就职场压力、人际关系等方面开展专题讲座，切实保障职工健康饱满的心理和精神状态。

三、实施成效

（1）**队伍凝聚力战斗力进一步增强。**思想与作风大讨论全年研讨 45 场，参与 610 余人次，印发国网河南信通公司党委文件 1 个、编发专题工作简报 4 期，部门层面专题报告 40 篇，落实 5 方面 15 项合理化建议，助推公司 2022 年度"5+5"攻坚任务和 30 项重点任务落地见效，有效促进实现磨砺思想作风、推动任务攻坚、凝聚团队力量"三赢"，推动了思想凝聚力到行动战斗力的转变。

（2）**员工干事创业劲头进一步激发。**实现"首次刊发"图片新闻、"首次录用"新媒体形式，在《中国电力报》《国家电网报》刊发位置取得新突破，充分展示公司"融合支撑"发展成效，立体展现"信通铁军"形象，公司 2022 年在省公司网站发稿量位居直属单位第一。职工个人岗位工作获展示被认可，团结奋进、干事创业精气神进一步激发。

（3）**职工精神文化生活进一步丰富。**"信通·家"自 2022 年 6 月启用以来，举办劳模大讲堂、职工健康讲座、诗歌朗诵、职工专业培训等活动 80 余次，迎接省公司 3 位领导、系统内 21 家单位、省公司 3 个部门参观交流。"信通·家"已成公司为对内服务创新研究、丰富职工文化生活的新平台，对外展示公司主题文化、展现员工风貌的新窗口。

四、分析与思考

（1）**抓本质**。思想文化工作的本质就是解决思想的僵化、思维的固化、思路的老化，以统一思想认识促进文化认同，让思想文化工作不再单单是口号灌输，而是真正铸牢在职工心中。

（2）**抓基础**。坚持"有形"显性和"无形"隐形相结合，"软硬兼施"发挥思想文化阵地的功能属性和驱动作用。

（3）**抓融合**。将思想文化建设和生产经营管理结合起来，以思想文化提升推动业务发展，以业务成果成效凝聚精神力量、巩固思想根基。

项目完成人：贾　峥　郑　辉　李路远　朱贝贝